MÉMOIRE A CONSULTER

TRIBUNAL CIVIL.

de 1re instance

DE LA SEINE.

—

3e Chambre.

—

AUDIENCE

du 5 février 1838

Pour M. CHAZAL

Contre madame CHAZAL.

———————

Pour répondre à la requête de madame Chazal au président du tribunal civil de la Seine et pour le faire convenablement, je n'aurai besoin que d'annoter cette même requête et de rétablir les faits que l'on semble s'être complu à altérer. Je n'oublierai pas, en faisant ce travail, que la femme que j'ai accusée, que j'accuse encore porte mon nom et quelle est la mère de mes enfans.

J'ai pu, lorsque j'étais placé sous le coup d'une accusation criminelle par celle qui devrait respecter mon honneur, parce qu'il ne peut être taché sans que la flétrissure rejaillisse et sur elle et sur nos enfans, me laisser entraîner par l'indignation que je ressentais ; mais aujourd'hui, plus calme sans être plus heureux, j'espère être assez maître de moi pour me commander et répondre froidement à des allégations, qui toutes mensongères qu'elles soient, sont pour leur auteur d'une nécessité absolue, puisque sans elles rien n'expliquerait, rien ne justifierait la position *extra-sociale* ou de *Paria* dans laquelle il s'est volontairement placé.

La dame Chazal commence ainsi :

« A M. le Président du tribunal civil » de première instance du département » de la Seine. Dame Flore-Célestine-Thé- » rèse-Henriette Tristan Moscoso, épouse » séparée quant aux biens et aussi sé- » parée de fait depuis depuis plus de » douze ans, du sieur André-François » Chazal, elle demeurant à Paris, rue

Madame Chazal débute par dire *qu'il ne peut exister de sympathie entre elle et moi.* Elle a raison ; nul lien ne peut unir l'artiste modeste et laborieux et la femme à qui il faut de l'or, toujours de l'or. Elle ajoute, *qu'elle veut transmettre intact à ses enfans l'honneur et la réputation,* et pour atteindre

1

» du Bac, n. 100 bis, a l'honneur de
» vous exposer, M. le Président, qu'elle
» se voit dans la nécessité de recourir à
» l'autorité de justice, pour obtenir une
» séparation de corps indispensable dé-
» sormais au repos de sa vie, puisque
» nulle sympathie ne saurait exister en-
» tre elle et l'homme qui non content
» de l'avoir abreuvée d'amertume, a
» tout fait pour lui ravir le seul bien
» qui lui restât, celui qu'elle veut trans-
» mettre intact à ses enfans, l'honneur
» et la réputation. »

« C'est au commencement de 1821,
» que fut conclue une union qui ne pou-
» vait être heureuse, parce qu'il n'y a
» pas de bonheur sans mutuelle estime,
» parce qu'un homme assez indélicat pour
» exercer une violence morale sur la
» femme qui le repousse, qui lui témoi-
» gne hautement un sentiment insur-
» montable de répulsion, doit être pour
» elle un perpétuel objet d'aversion et
» de mépris. Telle fut alors la conduite
» du sieur Chazal. »

plus sûrement son but, elle a fait tout
ce qui dépendait d'elle, pour flétrir le
père de ses enfans et apposer sur le front
de sa fille une tache malheureusement
non méritée; mais qui cependant, eût
été ineffaçable !

Que penser d'une femme qui accepte
pour époux un homme pour qui elle res-
sent *un sentiment insurmontable de
répulsion?* que désire, avant tout une
telle femme? c'est d'être libre; et pour
l'être, tous les moyens sont bons, même
celui de promettre ce qu'elle est décidée
d'avance à ne pas tenir. J'affirme cependant, qu'à l'époque de notre mariage, Flora-Tristan-Moscoso n'éprouvait pas pour moi, ou du moins ne
manifestait pas *un sentiment insurmontable de répulsion.* La pauvre habitante
d'un grenier, dans la plus misérable
maison d'une rue où les meilleurs va-
lent peu de choses (la rue du Fouare,
près la place Maubert), avait pour agréable que le soir, je l'aidasse, tout en
causant, à colorier les étiquettes de
parfumeur qui la faisaient subsister; elle
trouvait également bon que je lui en-
voyasse du bois, et la petite coloriste
loin d'être violentée par sa mère pour
m'épouser, paraissait attendre avec im-
patience l'instant où elle cesserait d'être
ouvrière et deviendrait maîtresse d'un
établissement qui prospérait.

«Elle n'avait pas dix-huit ans, lors-
» que sa mère la contraignit à épouser le
» sieur Chazal. Cet homme dépourvu de
» toute éducation, étranger à tout sen-
» timent de convenance comme à toute
» habitude de probité, ne s'était pas cru
» obligé d'interroger le cœur de celle
» qu'il recherchait, pour savoir s'il s'y
» trouvait au moins un germe d'attache-
» ment pour lui: la demoiselle Tristan
» n'imita point cet exemple, et fidèle à une
» loyauté dont elle ne s'est jamais dé-
» partie, elle lui déclara sans détour,
» qu'elle ne ressentait pour lui ni affec-
» tion ni estime, qu'elle ne l'aimait pas
» et qu'elle ne l'aimerait jamais. Un hon-
» nête homme se serait retiré; le sieur
» Chazal pressa cette union détestée et
» malheureusement ou par faiblesse, ou
» par tout autre motif que l'exposante
» ne peut et ne veut pas pénétrer, la
» dame Tristan obligea sa fille à con-
» clure cette union. »

Ce long paragraphe est rempli de
mensonges. En effet, est-il probable que
j'eusse épousé une jeune fille dans le
plus complet dénûment, qui m'aurait
dit : «Je n'ai pour vous ni affection ni
estime; je ne vous aime pas et je ne
vous aimerai jamais.» Si je l'eusse fait,
il serait difficile de distinguer le plus digne de mépris de moi épousant une
telle femme, ou de cette femme accep-
tant un mari qu'elle savait ne *pouvoir
aimer ni estimer.* Madame Chazal ajoute
que je suis *dépourvu d'éducation et
étranger à tout sentiment d'honneur
et de probité.* Il est vrai que je ne suis
pas homme de lettres, que je n'ai jamais *payé l'impression de mes œuvres,*
mais j'ai reçu, j'ai fait mes preuves,
une honorable éducation. Enfin je dé-
sirerais que madame Chazal, qui se dit
une sentinelle si attentive à veiller à
l'honneur de ses enfans, voulut bien
préciser les faits et dire OU et QUAND
j'ai manqué de probité. Hélas ! j'ai manqué de bon sens, en épousant Flora
Tristan et en la laissant trop maîtresse de
ses actions, mais je n'ai jamais manqué
à l'honneur. Madame Chazal *ne peut et
ne veut pas pénétrer les motifs de la
dame Tristan pour conclure son mariage.....* Cette phrase prouve, il me
semble, que madame Chazal est fille
aussi respectueuse que femme décente
et mère prudente ; qu'en un mot
La *Paria française* ne connaît pas les
freins vulgaires que l'usage respecte, et
auxquels nous nous soumettons tous.

«Le 3 février 1821 faible et impuis-
» sante à résister qu'elle était, la jeune
» personne fut traînée, non à l'autel,

Il est faux que Flora-Tristan ait ma-
nifesté le désir d'être mariée selon
le rit de l'église romaine, car je me

»car ses scrupules religieux ne furent
»pas plus respectés que n'avaient été
»consultées ses sympathies, mais seu-
»lement à la municipalité du 11ᵉ ar-
»rondissement.»

«Contractée sous de tels auspices,
»l'union conjugale devait être pour elle
»une torture de tous les instans, une
»source incessante de tribulations. Elle
»n'essayera pas de retracer tout ce
»qu'elle eut à souffrir, toutefois, elle
»doit l'avouer, il n'y eut pas dès l'a-
»bord, et peut-être, après tout, fut-ce
»pour elle un malheur de plus, de ces
»scènes violentes, de ces retentissantes
»querelles qui nécessitent l'interven-
»tion du voisinage, et qui, si la santé
»d'une femme en souffre, si parfois
»même son existence est compromise,
»lui offrent au moins cette compensation
»précieuse d'une séparation prompte
»et facile à obtenir.»

«Le sieur Chazal et elle vivaient
»étrangers l'un à l'autre; elle ne s'occu-
»pait nullement de ses affaires, ne man-
»geait, ne sortait presque jamais avec
»lui, confinée dans sa chambre, pas-
»sant des semaines entières sans lui
»adresser la parole.»

«En 1824, la jeune femme apprit par
»une saisie faite à son domicile que les
»affaires du sieur Chazal étaient fort
»dérangées; que de tous côtés, il était
»poursuivi, traqué par des créanciers
»dont il avait trompé la bonne foi : il
»lui fallut à tout prix faire face à l'orage,

serais empressé d'y consentir.

Il me semble étonnant que madame Chazal qui fait des phrases et encore des phrases parle si vaguement des premiers temps de notre mariage; sa mémoire aurait dû lui rappeler les soins tendres et assidus que je lui ai prodigués dans une maladie qu'elle eut, et pour laquelle je n'épargnai aucune dépense, si élevée qu'elle fût. Mais tant de *graves événemens ont atteint Flora-Tristan dans ses Pérégrinations*, qu'il doit lui être permis d'oublier les attentions d'un homme qu'elle ne pouvait *ni aimer ni estimer* et qu'elle n'avait épousé que pour échapper à la misère.

Il est faux que madame Chazal et moi vécussions étrangers l'un à l'autre; il est également faux qu'elle ne s'occupât nullement de mes affaires, et malheureusement, peut-être, est-ce la connaissance qu'elle en avait qui l'a portée à désespérer d'atteindre avec moi la position brillante à laquelle elle se croyait destinée.

La dame Chazal ment ici sur un fait matériel, lorsqu'elle prétend qu'une saisie fut faite à mon domicile, et ce mensonge patent donne la mesure de la véracité de ses autres assertions. Cette phrase: *Naturellement dépravé, perdu de mœurs, il arriva au dernier degré*

» il n'avait devant lui que l'alternative
» de la fuite ou de la captivité. Naturelle-
» ment dépravé, perdu de mœurs, il
» arriva bientôt au dernier degré de l'a-
» brutissement et fit à sa jeune épouse
» une proposition infâme. C'était dans
» sa prostitution qu'il voulait trouver
» une dernière ressource pour alimenter
» la funeste passion que le domine, celle
» du jeu. »

*de l'abrutissement; il proposa à sa
femme de se prostituer.* C'est une calomnie! J'affirme que ces ignobles propositions sur lesquelles, par pudeur, je
gardais le silence, m'ont été faites par
madame Chazal; aussi j'ai dédaigné leur
auteur, je n'ai plus attaché de prix qu'à
mes enfans. Ma conduite rend cette vérité évidente, car, si j'eusse été assez
vil pour spéculer sur la coupable conduite de madame Chazal, je ne lui eusse
pas permis de quitter le domicile conjugal. Enfin, lorsque madame Chazal
ose écrire de telles infamies, a-t-elle le
droit de se plaindre de phrases amères
que mon horrible position rendait né-
cessaires? Quant à ma *funeste passion
du jeu,* madame Chazal pourrait-elle
prouver où je jouais? pourrait-elle nommer quelqu'un digne de foi, dont le
témoignage viendrait appuyer son allé-
gation? Je l'en défie, et je puis lui dire
encore : Vous me calomniez.

» Justement indignée d'une telle in-
» famie, l'exposante prit en horreur la
» vie commune. Plutôt que d'en subir
» plus long-temps l'affreux supplice;
» mieux eût valu mourir; et, la dame
» Chazal aurait peut-être eu ce triste
» courage si deux enfans débiles et souf-
» frans n'eussent réclamé ses soins ma-
» ternels, bien qu'ils fussent les fruits
» d'une union qui avait fait le malheur
» de sa vie, elle n'aurait pu, sans injus-
» tice, faire peser sur eux la responsa-
» bilité de méfaits qui n'étaient pas leur
» ouvrage. Pour eux, elle consentit à
» vivre, mais n'aspira plus qu'à fuir, le
» plutôt possible, la vue d'un homme
» abhorré. Une occasion se présente;

Mme Chazal parle de l'indignation
qu'elle éprouvait contre moi. Je crois
qu'elle se trompe sur la nature du sentiment que je lui inspirais; ce pouvait
être de la haine, mais non de l'indignation. Elle oublie qu'elle a dit, peu de
jours avant de me quitter, à une personne honorable, que je puis faire entendre au tribunal : « J'estime beau-
» coup mon mari, c'est un parfait hon-
» nête homme ; s'il était riche, je de-
» meurerais avec lui; mais il est pauvre,
» je ne puis vivre plus long-temps avec
lui. » Quant aux soins qu'exigeaient
nos enfans, elle s'en est peu occupée
et les a laissés entièrement à madame
Tristan. Enfin, je demanderais à ma-

»elle la saisit avec empressement; l'un
»de ses enfans était malade; l'air fétide
»d'une chambre malsaine (les époux
»habitaient alors la rue des Fossés-Saint-
»Germain-des-Prés) ne pouvait qu'em-
»pirer son état.

«Le médecin prescrivit la translation
»à la campagne ou au moins dans un
»logement plus aéré. Le sieur Chazal
»consentit à ce que la dame son épouse
»quittât enfin cette prison, cette tombe
»anticipée, le 2 mars 1825. Elle sor-
»tit de chez lui, emportant avec elle
»ses vêtemens, ceux de son fils qu'elle
»emmena avec elle, rue Copeau, près
»le Jardin du Roi, chez ma mère, où
»l'un et l'autre furent recueillis. »

»Mon second fils alors était en nour-
»rice; le mois de nourriture n'était pas
»payé, et pour comble de malheur l'ex-
»posante s'aperçut bientôt qu'elle était
»enceinte. Quand cet homme déhonté
»la vit quitter sa maison, il fit tout ce
»qu'il put pour l'engager à revenir, et
»il eut l'effronterie de renouveler les
»honteuses propositions qu'il avait osé
»lui faire. »

dame Chazal, si un logement de 600 fr. »
rue des Fossés-Saint-Germain-des-Prés,
mérite le nom de *fétide.* Quelle épi-
thète elle donne au grenier qu'elle occupait, avant son mariage, rue du
Fouare, près la place Maubert !

Cette phrase étant un mensonge, je
vais rétablir les faits : Lorsque le médecin prescrivit l'air de la campagne
pour mon fils ainé, je l'envoyai près
de Dammartin, où était déjà son frère.
Plus tard, une affaire de commerce
m'ayant appelé à Reims lors de la cé-
rémonie du sacre, je payai ce qui était
dû pour les deux enfans, et je puis en
donner la preuve. Ainsi, la date du
2 mars est fictive en ce qu'elle regarde
mes enfans. Il est possible que cette
époque soit celle à laquelle madame
Chazal a quitté *sa prison, sa tombe
anticipée;* mais ce n'est pas pour aller
demeurer chez sa mère; jamais elle
n'a habité avec madame Tristan pour
qui elle a constamment manqué d'é-
gards. Je le répète, madame Chazal,
qui dès-lors avait besoin *d'être libre,
entièrement libre*, a pu confier ses
enfans à sa mère; mais jamais elle n'a
cohabité avec elle.

Un mot démontrera la fausseté de
cette imputation. En effet, si j'eusse
été fâché de voir madame Chazal quitter
le domicile conjugal, j'aurais employé
les moyens légaux pour l'y faire rentrer.

« Depuis ce moment, il lui inspira
»un tel dégoût, qu'elle n'a jamais pu
»*en parler, y songer* sans se sentir pro-
»fondément humiliée et *trembler de*
»*honte.* Dès-lors elle n'eut plus qu'un
»seul désir, celui d'éviter l'odieuse
»présence d'un homme dont l'aspect
»lui était insupportable. »

« Six semaines environ après que
»madame Chazal eût quitté le domicile
»de son mari, il profita d'une absence
»qu'elle fit pour lui envoyer son lit et
»celui de son fils. La portière de la
»maison, rue Copeau, reçut ces ob-
»jets. Quelques jours après il fuyait de
»son domicile, abandonnant le peu qu'il
»avait à ses nombreux créanciers, et
»faisait courir partout le bruit que
»c'était sa femme qui l'avait ruiné par
»de folles dépenses, et qu'elle était
»partie en emportant tout son mobilier,
»calomnies atroces, puisque, durant
»les quatre ans qui venaient de s'é-
»couler, elle avait été constamment
»souffrante, ne faisant que de loin en
»loin de rares et courtes promenades
»au Luxembourg. »

« L'exposante fut trois ans sans en-
»tendre parler de lui; depuis elle a su
»qu'il était allé en province, et qu'ayant
»fait là encore des dupes, il revint à Paris
»où il changea de nom. Elle resta donc
»chargée de ses deux enfans et enceinte
»d'un troisième. Aidée par sa mère et
»à force de travail, d'économie et de
»privations, elle parvint à subvenir à
»toutes ses charges; mais comme cha-
»que jour les augmentait, elle se vit

J'ignore si c'est de ce moment que madame Chazal conçut *un tel dégoût* pour l'homme dont elle porte le nom, qu'elle n'a jamais pu *en parler* ni *y songer sans trembler de honte*, mais il est certain qu'elle voulait être *libre*, se conduire en *femme libre* dans toute l'étendue du mot, et que dès-lors elle se disposait à son rôle de *Paria.*

Je n'ai pas prétendu que c'était les *folles dépenses* de madame Chazal qui avait contribué à ma ruine, mais l'ab-sence totale de tous secours de son côté. En effet, si au moment où Flora Tristan s'éloignait de moi, je n'eusse eu la malheureuse faiblesse de m'aban-donner à la douleur qu'éprouve toujours une âme bien née, en perdant les illu-sions auxquelles elle avait attaché son bonheur, ne devant pas la moitié de ce que je possédais, rien ne m'eût été plus facile que de continuer mon éta-blissement, si j'eusse pu m'habituer à l'idée de voir une étrangère occuper forcément la place de celle que j'aimais encore, malgré ses torts envers moi.

Madame Chazal *fut trois ans sans entendre parler de moi.* Eh bon Dieu! comment eût-elle su ce que je deve-nais? moi toujours laborieusement oc-cupé dans Paris, elle courant l'Angle-terre, l'Espagne et les Indes. Mais enfin puisqu'elle est si bien instruite de ce que j'ai fait pendant *trois ans*, voudrait-elle bien dire dans quelle *province* je les ai passés? quel *nom* j'y portais? et quels sont les *dupes* que j'y ai faites?

» forcée d'accepter une place de dame
» de compagnie auprès de deux dames
» anglaises qui voyageaient. Elle laissa
» ses trois enfans en pension chez sa
» mère, et partit pour leur assurer des
» moyens d'existence. »

« En 1828, madame Chazal eut l'es-
» pérance de recueillir du chef de son
» père et dans la famille de celui-ci une
» portion d'héritage, et voulant mettre
» ce qu'elle pourrait obtenir à l'abri des
» mauvaises spéculations de son mari et
» des poursuites de ses créanciers, elle
» forma sa demande en séparation de
» biens, qui fut accueillie par un juge-
» ment *contradictoire*, en la 4ᵐᵉ cham-
» bre du tribunal civil de la Seine, le
» 3 mai de la même année. L'instruction
» révèle que le sieur Chazal était, à
» cette époque, totalement dénué de
» ressources, et que, pour se soustraire
» à ses créanciers, il portait le nom
» d'*André*. »

Voudrait-elle bien aussi m'apprendre à
quel genre de travail elle s'est adonnée ?
quelles étaient les personnes avec qui
elle a voyagé ? comment elle a assuré
l'existence de ses trois enfans et de sa
mère ? En le faisant, elle prouvera que
je l'ai calomnié, que j'ai eu tort de
prétendre qu'elle avait une *existence
mystérieuse, suspecte, coupable même* ;
mais si elle ne le fait, il résultera de son
silence, que seul j'ai dit la vérité !

Le jugement prétendu *contradictoire*
qui a prononcé notre séparation de
biens, n'a reçu de ma part aucune oppo-
sition, parce que dès-lors comme aujourd'hui, j'étais prêt à admettre la séparation légale la plus étendue. Je n'ai
attaché depuis la disparition de madame
Chazal de chez moi, et je n'attacherai
jamais de prix qu'à mes enfans ; mais je le
répète, pour les soustraire à la funeste
influence de leur mère, pour en faire
de simples et honnêtes artisans, et non
des êtres qui se créent une existence à
part, en dehors de la société dans laquelle ils sont destinés à vivre, en un
mot, une existence de *Paria*, je suis
prêt à tous les sacrifices, et je ne re-
culerais pas devant la mort, parce que
je suis convaincu qu'un père se doit tout
entier à ses enfans. Je ne pense pas qu'il
y eût crime à porter le prénom qui est
le mien, parce que ce voile eût été tellement léger, qu'il ne m'eût pas dérobé à
mes créanciers, si tel eût été mon but,
tandis que se donner pour demoiselle
lorsqu'on a un mari, des enfans, c'est
une faute grave, qui expose à mille in-
convéniens, témoins les récits plus ou
moins *vrais*, plus ou moins décens, de

« En 1832, l'exposante venait de per-
» dre son fils aîné ; le second alors âgé
» de huit ans était en pension à Arpajon,
» à la proximité et sous la surveillance
» de la dame veuve Tristan, son aïeule
» maternelle. A cette époque le sieur
» Chazal, qui n'ignorait pas combien sa
» présence était odieuse à la femme dont
» il avait tourmenté l'existence et voulu
» flétrir la pureté, parut se rendre jus-
» tice et signa une déclaration portant,
» qu'il était prêt à faire tout ce qui dé-
» pendait de lui pour qu'une séparation
» de corps, ou même un divorce s'il
» était rétabli, fût prononcé entre lui et
» sa femme, et que ce serait lui-même
» qui provoquerait ce divorce ou cette
» séparation, pourvu que les frais fussent
» avancés et consignés par l'exposante.
» En même temps il reconnut n'avoir
» en rien contribué aux dépenses faites
» pour ses enfans, depuis l'époque où
» avait eu lieu la séparation de fait, c'est-
» à-dire depuis 1825. »

« Le sieur Chazal, qui avait mis pour
» condition à son consentement la remise
» de son fils entre ses mains, ne l'eût pas
» plutôt, qu'il voulut avoir sa fille, et,
» sur le refus de l'exposante, il se porta
» contre elle aux plus inexcusables em-
» portemens. »

madame Chazal dans ses *Pérégrinations.*

Madame Chazal au lieu d'avancer que
je *me rendais justice en signant une
déclaration portant que j'étais prêt à
faire tout ce qui dépendrait de moi pour
une séparation de corps et même le
divorce,* aurait dû simplement copier
cette déclaration ainsi que je le fais
(*V.* la pièce justificative A.) ; alors après
avoir admiré les phrases incohérentes,
saugrenues, rédigées par madame Chazal, on aurait conclu que tous deux
nous portions impatiemment le joug qui
nous lie, mais que, n'ayant pas le projet
de contracter un second hymen, je re-
fusais de payer les frais d'une procédure dont je n'éprouvais pas l'impé-
rieux besoin.

Madame Chazal ajoute que *j'ai re-
connu n'avoir contribué en rien à la
dépense de nos enfans depuis 1825.*
Cette fois madame Chazal dit la vérité,
et je m'empresse de lui en donner acte ;
cependant, pourquoi lorsqu'on imprime
que l'on est *un être de vérité,* pourquoi dis-je une réticence ? quel mal se-
rait-il résulté pour madame Chazal, si
elle avait dit qu'indépendamment de la
déclaration ci-dessus, elle voulait que
je signasse que je l'avais *chassée de chez
moi,* et que, sur mon refus, elle m'a
fait une scène de crocheteurs ?

Cette phrase renferme deux mensonges. Il est faux que je voulusse que ma
fille me fût donnée, je désirais seulement connaître la pension où elle était,
afin de surveiller le genre d'éducation
qu'elle y recevait. Il est également faux
que je me sois *porté contre madame*

Chazal aux plus inexcusables empor-
temens, et je la défie d'appuyer ses
allégations d'irrécusables témoignages.

« A Bel-Air, près Arpajon, où habi-
» tait la dame Tristan, mère de l'expo-
» sante, le sieur Chazal fit à sa femme
» des scènes de la plus révoltante bruta-
» lité. »

Cette phrase étant la suite des mensonges qui précèdent, je vais rétablir
les faits tels qu'ils se sont passés à Bel-
Air, et dire comment j'ai été amené à
signer la déclaration dont il est parlé
plus haut. Ignorant ce qu'étaient de-
venus mes enfans depuis plus d'un an,
je pensais qu'ils pouraient être dans les
environs de Bel-Air, et m'étant adressé
au maire d'Arpajon, j'eus la certitude
que mon fils était en pension dans cette
ville (*Voir* la pièce B.). Ce fut alors que
j'allai à Bel-Air, non pour me faire remettre ma fille après avoir obtenu mon
fils, mais pour avoir ce dernier et connaître le lieu où était ma fille, et l'éducation qu'elle recevait.

Je descendis chez M. Laisney, frère
de madame Tristan et oncle de madame
Chazal. Puis ayant fait connaître mes
intentions à madame Chazal, elle y consentit, à condition que je signerais un
écrit portant que *je l'avais maltraitée*
et chassée de chez moi, ce que je refusai de faire. M. Laisney approuva
mon refus, et voulut essayer quelques
conseils qui n'eurent d'autre résultat
que d'exciter dans madame Chazal une
telle violence, qu'elle me lança une as-
siette à la tête et me frappa. A cette colère j'apportai le calme de la force,
seulement je fis dresser un procès-
verbal des faits (*Voir* la pièce C).
Quelques heures après, accompagné du
maire de Bel-Air et de M. Laisney, je
fus chez madame Tristan. On essaya de
faire entendre raison à madame Chazal,

qui persévéra dans sa folle colère et refusa même de me donner des nouvelles de notre fille. Cependant peu à près, madame Chazal parut entendre raison; elle promit de me donner mon fils, si je signais la fameuse déclaration (*voir la pièce A*). Ce chef-d'œuvre de déraison nous fut apporté par madame Tristan, et comme il ne signifiait absolument rien, M. Laisney m'engagea à le signer, puisque cette condescendance devait être suivie de la remise de mon fils, qui toutefois ne me fut envoyé par sa mère que le lendemain, au moment où elle montait en voiture. Le brusque départ de madame Chazal me laissant toujours dans la complète ignorance du sort de ma fille, M. Laisney me conseilla de ne pas perdre madame Chazal de vue pendant son retour à Paris, et à mon arrivée de faire usage des droits que me donnait la loi.

« Une autre (scène) dans le trajet » d'Arpajon à Paris. »

« Et enfin à l'arrivée à Paris, à la » descente de la diligence, dans la cour » de la maison sise à Paris, rue des » Fossés-Saint-Germain l'Auxerrois, eut » lieu une scène des plus scandaleuses. » Le sieur Chazal fondit à l'improviste » sur sa femme, voulut l'amener au » corps-de-garde, et, ne pouvant réussir, » il poussa violemment l'exposante à la » renverse sur une borne, peu s'en fallut » qu'elle n'eût la tête brisée. On la releva » chancelante, échevelée, et alors le » sieur Chazal invectiva publiquement » sa femme et la fit conduire chez le

Cette prétendue scène est encore comme toujours un mensonge.

Cette fois, madame Chazal ne ment pas; elle est simplement à côté de la vérité. J'ai déjà dit que je voulais à tout prix savoir où était ma fille. C'est pourquoi je revins à Paris dans la même voiture, si ce n'est dans la même partie que madame Chazal. Arrivés dans la cour de l'hôtel, je demandai de nouveau à madame Chazal où était notre fille : comme des injures étaient sa seule réponse, je lui dis froidement : « Vous » devez obéir à la loi, et je vous somme » en son nom, de venir demeurer chez » moi; par ce moyen je saurai ce que

» commissaire de police du quartier, vou-
» lant la faire arrêter, mais ce magistrat
» renvoya cet homme dont la fureur et
» l'exaspération étaient au comble. »

« Ce fut alors que prévoyant qu'il
» n'y avait plus de sûreté pour elle, la
» dame Chazal résolut de s'expatrier et
» d'aller au sein de sa famille paternelle,
» au Pérou, essayer de réunir quelques
» débris d'une grande fortune. Entre-
» prise dans laquelle elle eût réussi si le
» sieur Chazal n'eût pas pris à tâche de
» la faire avorter en retenant devers lui

» vous avez fait de ma fille. » A ces mots,
madame Chazal se livra à une violente colère qu'elle exprimait par les
expressions les plus grossières. Ce fut
alors que pour mettre fin à une scène
qui nous rendait l'objet de la curiosité
publique, je voulus prendre madame
Chazal par le bras, mais comme elle
criait à tue-tête qu'elle ne me connaissait point, et prétendait que je prenais
un titre et des droits que je n'avais pas,
je lui proposai de nous rendre chez le
commissaire de police du quartier. J'es-
pérais trouver un appui près de ce
fonctionnaire, que je priai de m'aider à
dévoiler l'existence mystérieuse et suspecte de madame Chazal et à retrouver
ma fille ; mais il se contenta de me dire :
« Si cette femme est la vôtre, emmenez
» la chez vous. » Vainement je lui objec-
tai que je ne pouvais conduire madame
Chazal pieds et poings liés, et lui demandai un procès-verbal de ce qui s'é-
tait passé chez lui. Il me refusa en me
répétant « Emmenez-la. » Pour suivre cet
avis, il m'eût fallu l'audace de madame
Chazal ; ne l'ayant pas, je me résignai
à la laisser s'éloigner. A partir de cette
époque, je fus trois ans sans savoir où
était ma fille, et la famille de ma femme
l'ignorait également.

Si en écrivant ces lignes, madame
Chazal se fût rappelé ce qu'elle dit dans
ses *Pérégrinations*, elle eût essayé d'être
d'accord avec elle-même, à moins que
mentir ne soit pour elle un parti arrêté
d'avance. En effet, dans sa requête,
elle prétend que *retenant devers moi
les pièces essentielles, authentiques
établissant la preuve du mariage à l'é-*

» les pièces essentielles, authentiques
» établissant la preuve de la célébration
» du mariage à l'étranger des sieur et
» dame Tristan Moscoso, père et mère
» de l'exposante. De sorte que celle-ci
» a été, jusqu'à ce jour, dans l'impossi-
» bilité d'établir sa légitimité et de se
» contenter d'un sort précaire et de mo-
» diques secours, tandis qu'elle eût in-
» failliblement obtenu une fortune con-
» sidérable. »

*tranger des sieur et dame Tristan, je
suis cause qu'elle est réduite à se contenter d'un sort précaire et de modiques secours, tandis qu'elle eût in-
failliblement obtenu une fortune considérable ; dans ses Pérégrinations elle
dit que son oncle en recevant la lettre
dans laquelle elle avouait que son père
s'était marié secrètement s'écria qu'elle
s'était coupé la tête en quatre. D'après
cette dernière version, ce n'est donc
pas moi qui suis cause si l'Être de Vérité a été considéré, par la famille de
son père, comme un enfant naturel.
Enfin la Paria dit plusieurs fois dans
son ouvrage avec une noble fierté qu'elle
accabla tous les siens du poids de son
indignation, qu'elle ne voulut rien devoir à des parens injustes envers elle,
et dans la requête, elle avoue un sort
précaire et de modiques secours : de
cette contradiction évidente, il résulte
qu'au moins une fois la vérité est trahie
par l'Être de Vérité.*

» La dame Chazal qui, avant son dé-
» part avait placé sa fille dans un pen-
» sionnat à Angoulême, revint à Paris,
» au mois de janvier 1835, sans avoir,
» à beaucoup près, d'un voyage péni-
» ble et dispendieux, au Pérou, obtenu
» le résultat qu'elle avait espéré. »

J'ai prouvé plus haut, d'après ce que
dit madame Chazal dans ses *Pérégrinations*, que je suis étranger au non-succès
de son voyage.

» Sachant bien que le sieur Chazal
» habile à exploiter l'antipathie qu'il
» inspire, pourrait venir la tourmenter
» dans son asile, s'il venait à le décou-
» vrir, l'exposante chercha tous les
» moyens de se soustraire à ce genre de
» persécution. On lui conseilla de recou-
» rir à l'obligeance de quelqu'un pour

Malgré que depuis 1825 j'eusse laissé
madame Chazal aller et loger où elle
voulait, malgré que cette conduite an-
nonçât une résolution bien arrêtée de
n'avoir avec elle aucun rapport, on concevrait qu'elle eût cherché un refuge, un
appui près de sa mère; cette conduite eût
été décente, rationnelle; mais pour qui

»faire louer un appartement sous le
»nom de cette personne et pouvoir
»ainsi en interdire l'entrée au sieur
»Chazal, s'il voulait s'y introduire de
»force. La dame Chazal suivit cet avis,
»et habita successivement rue Chaban-
»nais, n. 12, puis rue du Cherche-Midi,
»n. 32, ensuite 42, et enfin rue du Bac,
»n. 100 bis. Dans ses diverses résiden-
»ces, n'ayant rien à cacher de son exis-
»tence et de ses malheurs, elle ne laissa
»pas ignorer qu'elle était en puissance
»de mari, qu'il y avait entre eux sépa-
»ration de fait et qu'elle redoutait plus
»que toute autre chose au monde les
»persécutions de cet homme attaché à
»son sort par une sorte de fatalité. »

»Ici commence une série non inter-
»rompue de sévices, d'injures, et de
»diffamations sur lesquelles l'exposante
»fonde plus particulièrement sa de-
»mande en séparation de corps dont
»l'origine fut la possession ardemment
»souhaitée par le sieur Chazal, (Dieu
»sait dans quel but!) de sa fille actuel-
»lement âgée à peine de onze ans et
»demi. »

»Tous ses efforts tendaient à s'en
»emparer; la mère opposait une résis-
»tance non moins active. Souvent elle
»avait désiré entamer une instance en
»séparation de corps; elle savait qu'à
»ce prix elle obtiendrait du calme et
»de la tranquillité : mais plusieurs scè-

a secoué tous les jougs, il est superflu
de s'astreindre. Aussi ce n'est pas sous
le nom de madame Tristan qu'elle lo-
gera rue Chabannais, n. 12, c'est sous
celui d'un être peut-être imaginaire qui
dit-on habite Bordeaux et qui, à Paris
était représenté, hélas! bien représenté
par l'avoué Duclos, cet homme à qui je
puis attribuer les malheurs sous lesquels
j'ai été si long-temps affaissé. Ce n'est
que rue du Bac que madame Chazal
crut que son appui naturel était sa mère,
et en agissant ainsi, on serait presque
porté à croire que la *Paria* voulait cesser de l'être.

Madame Chazal en disant: *Dieu seul
sait dans quel but* je voulais ma fille, pré-
lude à l'infâme accusation qu'elle a portée contre moi. Cependant rien de plus
facile à expliquer et à comprendre que
le but que je désirais atteindre. Si j'ai
mis tant de volonté, tant de persistance
à disposer de ma fille, c'est que je
voulais soustraire cette enfant aux dan-
gereuses influences de sa mère; je voulais et je veux encore que ma fille, par
son éducation, soit une bonne femme
de ménage, une bonne épouse, une
bonne mère et non un *songe-creux*,
une *Paria*.

Il est facile d'expliquer cette phrase
malgré sa longueur, son obscurité et ses
réticences. Madame Chazal voulait obtenir sa séparation de corps afin de n'avoir
plus à craindre que, me lassant d'être
patient, je ne fisse un jour usage des
droits que me donnait la loi. C'était

»nes, qui avaient rempli sa vie d'amer-
»tume, s'étaient pressées en l'absence
»de témoins'; elles étaient dès-lors im-
»possibles du moins fort difficiles à
»prouver. Celles qui avaient été, pour
»ainsi dire, publiques, telle que celles
»lors du retour d'Arpajon à Paris, en
»1832, remontaient à une époque assez
»éloignée pour que l'exposante pût
»craindre de ne pas retrouver les per-
»sonnes dont le témoignage lui eût été
»nécessaire. »

»Elle ne pouvait, au prix des plus ru-
»des privations, avancer les frais consi-
»dérables d'une instance en séparation
»de corps, qu'autant que le succès de
»de cette instance eût paru assuré, et
»d'ailleurs l'éventualité d'un échec de-
»vrait effrayer madame Chazal dont il eût
»à tout jamais compromis la tranquillité,
»puisque si à défaut de témoignages

pour atteindre ce but qu'elle m'avait
demandé à Bel-Air, (je répète ce fait)
un écrit portant que *je l'avais chassée
de chez moi.* Ayant refusé de signer
un mensonge, elle voulut par ses folles
et violentes provocations que je la frap-
passe et pour m'y engager, elle com-
mença ; mais opposant à sa violence,
une patience inaltérable , elle dut, dès-
lors , renoncer à l'espoir de pouvoir
jamais s'étayer de scènes pour demander notre séparation de corps. Peut-
être est-ce cette abscence de sévices
qui lui a suggéré et fait adopter la criminelle et infâme idée de se servir de
sa fille, car je l'ai dit au juge d'instruction , ainsi que dans le mémoire à mes
juges, et je le répéterai toujours : Ma
fille n'a pu énoncer ce qu'on lui a
fait dire; elle a été un instrument inno-
cent, un automate parlant dont les fils
étaient mis en mouvement par des mains
si ce n'est habiles, du moins capables de
tout. Enfin madame Chazal avoue que
les preuves lui manquent, tandis que
moi, il n'est pas un fait, pas une circonstance dont je ne puisse établir la
vérité par des procès-verbaux ou par
des témoignages irrécusables et en partie fournis par les parens même de
madame Chazal.

Ce ne sont pas les frais pour arriver
à une séparation judiciaire, ni la crainte
d'être obligée d'habiter le domicile conjugal en cas de non-succès, qui ont em-
pêché madame Chazal de demander sa
séparation de corps ; elle sait bien
qu'ainsi qu'elle, *je considérais comme la
plus cruelle infortune* l'obligation de
cohabiter ensemble; ce qu'elle craignait,

» suffisamment précis, elle eût échoué,
» elle aurait pu être obligée de réinté-
» grer le domicile conjugal ce qu'elle
» considérerait comme la plus cruelle
» infortune. »

« Ces considérations, dictées par une
» extrême prudence, balançaient son
» désir ardent d'obtenir sa séparation,
» et en même temps, elles lui faisaient
» une loi de soustraire sa fille aux pour-
» suites d'un père qui n'en avait jamais
» rempli les devoirs, auquel elle ne pou-
» vait supposer des intentions honorables,
» et dont les préceptes et les exemples
» pouvaient rapidement étouffer dans
» son jeune cœur les bons germes qu'on
» s'était efforcé d'y répandre. »

« Madame Chazal vivait donc fort re-
» tirée au sein d'une famille honorable,
» celle de M. et de madame Tanera, de-

et ce qu'elle craint encore, c'est une enquête sur sa conduite, tandis que je l'appelle sur moi de tous mes vœux afin de laisser à nos enfans un moyen irrécusable de nous juger.

Madame Chazal, au lieu de faire des phrases, voudrait-elle bien citer un seul *fait*, une seule de mes *actions* qui lui *fissent une loi de soustraire sa fille aux poursuites d'un père, qui n'en avait jamais rempli les devoirs, et auquel elle ne pouvait supposer des intentions honorables, et dont les préceptes et les exemples pouvaient rapidement étouffer dans son jeune cœur les bons germes?* Peut-elle alléguer qu'un seul jour, qu'une seule fois, j'aie cessé de vivre avec la régularité la plus entière? Qu'elle nomme les mauvais lieux que j'ai fréquentés? qu'elle cite les dangereux préceptes, les pernicieux exemples que je pouvais donner? Mais pour Dieu! si elle est réduite à l'impuissance de justifier une seule de ces allégations, qu'elle cesse donc ses lâches et vagues calomnies! Depuis 1825, je puis prouver l'emploi de chacune de mes journées, je puis dire chaque jour, d'où j'ai tiré ma subsistance: madame Chazal oserait-elle en dire autant? pourrait-elle, comme moi justifier ses assertions de preuves écrites ou testimoniales? je l'en défie et répète encore que je soumets ma vie à la plus rigoureuse enquête, parce qu'elle n'a jamais rien eu de mystérieux, de suspect et que je ne crains pas la vérité.

Depuis le jour où j'avais été forcé d'abandonner madame Chazal chez le commissaire de police, du quartier de la rue

»meurant à Paris, rue Du Cherche-
»Midi, n. 52, où elle s'était mise en
»pension, ainsi que sa fille; faisant
»donner à celle-ci, par une amie, des
»leçons particulières, et l'envoyant
»comme externe, dans un pensionnat
»à sa proximité, rue d'Assas, d'où elle
»était ramenée à l'heure du diner par
»la domestique au service de M. Tanera.
»Lorsqu'un jour, le sieur Chazal assisté
»de deux accolytes, qui se donnèrent
»comme exempts de police, bien qu'ils
»fussent étrangers à cette administra-
»tion, vint fondre à l'improviste sur la
»jeune Aline (qui voyait son père pour
»la première fois), à l'instant de son
»retour et dans le trajet de la rue
»d'Assas, à celle Du Cherche-Midi; et,
»malgré ses pleurs, malgré ses cris et
»la résistance de la domestique qu'il
»écarta d'une bourrade dans l'estomac,
»jeta l'enfant dans une voiture de place,
»et la conduisit dans un taudis où il
»logeait, rue des Acacias, à Montmartre.»

des Fossés-Saint-Germain-l'Auxerrois,
ainsi que je l'ai dit, p. 12 et 13. J'ignorais
complétement ce qu'elle était devenue,
ainsi que ma fille; C'est pourquoi, je
m'adressai au procureur du roi, pour
qu'il voulut me faire retrouver cet enfant. Peu de jours après que j'eusse
fait cette démarche, je reçus une lettre
anonyme (*voir la pièce D.*) qui m'a-
vertissait que madame Chazal quittait
l'appartement de M. Duclos, rue Chabannais, n. 12, pour aller demeurer
rue Du Cherche-Midi. Dès que je fus
sur les traces de ma fille, je sus bientôt
que cet enfant allait comme externe
dans une pension; et, fort de mon droit,
accompagné de M. Chavanne, de sa
femme et de mon fils, au lieu *de deux
accolytes* qui se soient dits *exempts de
police*, ainsi que le prétend l'*être de
vérité* qui ment toujours, je pris ma
fille qui, déjà habituée à dissimuler
prétendit ne pas reconnaître son frère,
ce qu'elle a avoué depuis être faux. Je
ne frappai point la domestique, mais
afin qu'on ne la rendit pas responsable
de l'enlèvement de l'enfant, je l'accom-
pagnai chez madame Chazal àqui je dis.
que des personnes respectables condui-
saient ma fille dans mon *taudis* comme
le dit si convenablement madame Chazal. Il est vrai, que je n'occupais pas
alors un vaste appartement, mais il
était décent, et eut-il été un *taudis*,
ce *taudis* était habité par un homme
d'honneur, qui dans son travail seul,
trouvait ses moyens d'existence; et,
Flora-Tristan n'en pourrait certes pas
dire autant !

« Justement indigné de cet enlève-

Dans cette phrase se trouve une ex-

»ment violent, encore alarmée des con-
»séquences que pouvait entraîner le sé-
»jour d'une jeune fille sans expérience
»auprès d'un homme dépravé, la dame
»Chazal fit de suite les démarches
»qu'elle croyait propres à faire cesser
»un tel état de choses ; malheureuse-
»ment elle trouva l'autorité impuissante
»pour la protéger, car l'enfant était né
»en légitime mariage le mariage subsis-
»tait ; une séparation n'en avait pas
»même relâché les liens ; le père avait
»sur sa fille des droits dont il pouvait
»abuser, mais que les magistrats ne
»pouvaient lui contester ; les lois écrites
»pouvaient en effet disposer ainsi : mais
»le cœur d'une mère ne s'arrête pas
»devant de tels obstacles ; l'exposante
»ne consulta que sa sollicitude, elle
»résolut de reprendre sa fille à tout prix,
»et bientôt son plan fut mis à exécu-
»tion. »

« Ayant appris que le sieur Chazal
»avait un dimanche conduit sa fille à
»Versailles, elle se rendit dans cette
»ville et seule, forte de son dévouement
»maternelle, animée d'une inébranla-
»ble volonté, elle va dans la maison où
»était sa fille, la prend par les mains
»et veut l'emmener. Le sieur Chazal s'y

pression sur laquelle j'appelle spéciale-
ment l'attention de mes juges. Madame
Chazal, dit, qu'*elle résolut de reprendre sa fille à tout prix.* Hélas! j'ai fait
la cruelle expérience, qu'effectivement
pour *reprendre sa fille,* pour en rester
seule maîtresse, il n'était pas d'obstacles qu'elle ne franchisse ; qu'elle ne
serait arrêtée ni par la perte de l'honneur de son mari, ni par celle de la
réputation virginale de sa fille; enfin
qu'elle sacrifiait *tout* pour *reprendre sa
fille à tout prix, et mettre bientôt son
plan à exécution.* Après cela, il me semble superflu de dire à madame Chazal
que si dans beaucoup d'endroits de sa
requête elle ne montrait une grande
ignorance de la valeur des mots ; je lui
demanderais pourquoi elle se sert dans
celui-ci, du mot *indignée* ; mais j'ai
bien assez de relever ses mensonges, sa
haine furibonde contre moi, sans m'occuper encore de ses fautes de français.
Seulement je la prie, lorsqu'elle parle
de moi et qu'elle se sert du mot *dépravation*, ou autres équivalens, je la
supplie, dis-je, de citer des faits, afin
de prouver la justesse de ses allégations,
Elle semble si riche en ce genre, qu'elle
doit parler explicitement pour ne pas
rester exposée à ce que je lui dise con-
tinuellement : *Vous me calomniez.*

Madame Chazal raconte si brièvement
une des scènes les plus importantes de
nos débats, que j'éprouve le besoin
d'expliquer et de faire comprendre ce
qu'elle ne fait qu'indiquer et dénaturer
comme à son ordinaire. Dès le lendemain
que j'eus ma fille ; je la conduisis avec
son frère, chez M. Laisney, oncle de

» oppose, de là, lutte acharnée, tumulte,
» arrivée de la force armée, qui ne sa-
» chant en faveur de qui décider la ques-
» tion, prit le parti de conduire au corps
» de garde les parties contendantes, et
» l'enfant, cause et objet de leurs que-
» relles. Là, il n'est sorte d'injures,
» d'outrages, que le sieur Chazal n'ait
» adressées à son épouse, l'accusant
» d'avoir trahi la foi conjugale, de se
» livrer à la prostitution, au vagabon-
» dage, etc., etc. Ces faits qui se pas-
» saient le dimanche 1er novembre 1835,
» jour de la Toussaint, eurent pour té-
» moins tous les gardes nationaux de
» service, ils pourraient au besoin l'at-
» tester. »

madame Chazal, et le même où à Bel-
Air, elle m'avait fait une si étrange proposition et une non moins étrange scène (*Voir la page 10*). Nous allions nous
mettre à table, lorsque madame Chazal
entra. Ayant vu clairement qu'elle était
décidée à faire du scandale : par respect
pour M. Laisney, je sortis en disant : que
j'allais l'attendre sur la voie publique.
Je l'attendis en effet ; là, je cherchai à
lui faire entendre raison, mais à tout ce
que je lui disais, elle répondait avec
une audace toujours croissante : « *Je ne
vous connais pas.* » Voulant mettre fin
à ce scandaleux débat, dont la foule
paraissait vouloir se mêler ; me préva-
lant de l'uniforme de sous officier de
la garde nationale que je portais, je fis
arrêter et conduire madame Chazal au
corps de garde. Aussitôt je fis appeler
notre oncle, dont la voix fut également
méconnue par madame Chazal qui con-
tinua à vociférer, qu'elle ne connaissait
pas les *individus* dont l'un prétendait
être son mari et l'autre son oncle. Alors
j'obtins du commissaire de police, que
madame Chazal resterait au corps de
garde, pendant que je viendrais à Paris
chercher notre acte de mariage. Le
lendemain, muni de cette pièce, je
me retirai près du procureur du roi de
Versailles, qui me dit, que n'habitant
pas le département de Seine-et-Oise, il
ne pouvait agir : qu'il fallait que je ne
perdisse pas madame Chazal de vue, et
qu'à Paris je fisse usage des droits que
me donnait la loi. Je me disposais donc
à suivre à Paris madame Chazal, lorsqu'elle s'élançât dans une voiture en
criant : « *Je donne six frans, si cet
homme ne peut nous suivre.* » A sa voix,

je fus saisis par d'autres cochers qui me renversant à terre, à la vue de ma femme et de ma fille, m'y tinrent assez long-temps pour rendre toute poursuite inutile. Je crois par ces détails, dont je puis fournir les preuves testimoniales et écrites, avoir suppléé aux réticences de madame Chazal, et je les terminerai en priant de remarquer que dans la phrase à laquelle répond cette note, madame Chazal est, comme toujours, dans un état flagrant de mensonge ou à côté de la vérité, car elle se garde bien de dire que la *maison où j'avais conduit* sa fille était celle de son propre oncle, homme plus honorable encore par sa vie publique et privée, que par la croix qu'il porte; elle ne parle pas non plus de la scène, non de *mère*, mais de *mégère*, qu'elle a faite chez son oncle et au corps de garde; enfin, elle se tait encore sur les coups qu'elle m'a fait porter, ainsi que sur le plaisir qu'elle éprouvait probablement à me voir rouler sur la poussière, par les cochers qui voulaient à tout prix que l'un d'eux *gagnât* les six francs, si noblement promis.

« »Revenue à Paris, l'exposante, avertie qu'elle était par l'expérience du passé, redoubla de surveillance pour empêcher que sa fille ne lui fût de nouveau soustraite; elle le devait d'autant plus, qu'elle savait que si la justice n'intervenait pas en faveur du sieur Chazal pour le seconder dans ses desseins, cette inertie, cette passive inaction, était tout ce qu'elle pouvait espérer de mieux, et qu'en admettant qu'elle ne fût pas contrainte de re-

Cette phrase est encore un mensonge. Il n'était pas nécessaire à madame Chazal *de redoubler de surveillance pour empêcher que sa fille ne lui fût de nouveau soustraite;* elle savait que pour obtenir que cette enfant me fût remise, je m'étais adressé directement au procureur du roi de Paris, à qui, cette fois, j'avais pu donner une adresse positive.

» mettre sa fille aux mains de celui qui
» voulait s'en emparer, au moins était-il
» certain que s'il réussissait à le faire,
» l'impunité lui était assurée. »

» Une circonstance qui se présenta
» immédiatement, dut à cet égard dé-
» terminer irrévocablement sa convic-
» tion. Le sieur Chazal rôdait autour de
» la maison habitée par sa femme ; fré-
» quemment il y envoyait des émissaires,
» menaçant de reprendre et de ramener
» chez lui sa fille à la première occasion :
» la dame Chazal voulut éviter un second
» enlèvement. »

» Appelée au parquet de M. le pro-
» cureur du roi de Versailles, à la suite
» de l'arrestation dans cette ville de la
» dame Chazal, celle-ci fut invitée à
» placer sa fille dans une pension ; c'é-
» tait, lui disait-on, le seul moyen pour
» éviter que son père la reprît. Vaine-
» ment faisait-on observer que ses moyens
» pécuniaires ne lui permettaient pas de
» payer une pension ; qu'il lui serait
» plus facile de faire donner, chez elle,
» à sa fille, une éducation solide et éco-
» nomique, il fallut bien qu'elle se rési-
» gnât, et, le 29 novembre 1835, l'en-
» fant fut *placée* dans un pensionnat, où
» du moins sa mère pouvait *la voir, la
» faire sortir* de temps à autre : c'était
» l'institution de madame Durocher, rue
» d'Assas, 5. Devant M. le substitut

Encore et toujours des mensonges !
Non, je ne *rôdais point autour de la
maison qu'habitait madame Chazal ;*
je n'avais pas non plus besoin d'y envoyer des émissaires pour menacer de
reprendre ma fille, puisque je m'étais
adressé à l'autorité. Alors, comme aujourd'hui, je respectais et j'avais confiance dans les magistrats, tandis que
madame Chazal, en enlevant sa fille de
chez madame Tristan où les enfans
ont été envoyés par M. le président de
Belleyme, prouve qu'elle ne respecte
rien, n'est arrêtée par rien, et qu'elle
croit que tout doit céder à sa volonté
suprême.

Je pourrais bien dans cette phrase
reprendre une faute de français ; je
pourrais bien dire à madame Chazal
qu'elle se trompe et met le procureur
du roi de Versailles pour celui de Paris,
mais que lui feraient de telles pecca-
dilles ? Voici la vérité : M. Desclozeaux
engagea madame Chazal à mettre notre
fille en pension, et j'étais si éloigné de
vouloir une chose déraisonnable que je
consentis qu'elle fut placée dans le pensionnat où précédemment elle avait été
externe. Pendant quelque temps je n'eus
pas trop à me plaindre de l'enfant ; cependant, comme sous l'influence de sa
mère, ma fille refusa de sortir avec
moi ; je m'opposai alors à ce qu'elle
allât chez sa mère. Cette détermination
fut suivie d'une lettre écrite par Aline,

»Descloseaux, de service au parquet,
»il avait été convenu que le sieur Cha-
»zal pourrait visiter sa fille, il en avait
»donné sa parole d'honneur, mais telles
»n'étaient pas ses intentions. Le 28 juil-
»let 1856, pendant que sa femme était
»allée à Châlons, le sieur Chazal se
»présenta chez la maîtresse de pension
»avec un huissier, et força cette dame
»à lui remettre sa fille avec ses effets.
»La dame Maquet n'osa résister et eut
»la faiblesse de lui remettre l'enfant. »

»Quelques jours après, elle apprit
»que l'enfant avait été placée dans la
»maison des dames d'Héricquem, rue
»Paradis-Poissonnière; que le sieur
»Chazal l'y avait mise en état de charte-
»privée, défendant qu'on la laissât sor-
»tir sous aucun prétexte, même pour
»prendre part aux promenades com-
»munes des élèves; enjoignant à l'ins-
»titutrice d'interdire à la jeune fille
»toute visite, celle même de sa mère;
»refusant enfin l'entrée de la maison à
»un médecin appelé pour lui donner
»des soins nécessités par son état de
»marasme, de langueur, et en même
»temps laissant cet enfant dans le plus
»plus complet dénuement, puisqu'*elle*
»manquait de linge et de chaussures,
»du plus stricte nécessaire. »

»Il arriva ce qui était facile à prévoir:
»l'enfant étroitement séquestrée devait
»aspirer à la liberté: les privations de
»toutes espèces auxquelles *elle* était
»*condamnée*, en même temps qu'elles
»lui faisaient regretter le temps plus
»heureux où la sollicitude d'une mère
»prévoyait à tous ses besoins, prévenait

évidemment sous la dictée de sa mère
(*Voir la pièce* E), et qui est de la plus
grande inconvenance. Ayant persisté
dans ma résolution, madame Chazal déclara qu'elle ne payerait plus la pension,
et ce fut alors que je repris ma fille pour
la mettre chez les demoiselles d'Héri-
quens. (*Voir la pièce* F).

Encore des mensonges ! Je ne *mis
point l'enfant en charte-privée; je ne
lui interdis aucune promenade avec
ses compagnes; je ne refusai pas la
visite d'un médecin*, malgré qu'il était
inutile, ma fille se portant fort bien;
*elle ne manquait pas du plus stricte
nécessaire, de linge, de chaussures,*
puisque son trousseau était et est encore chez mademoiselle d'Héricquem;
seulement, je pris un reçu de ma fille,
tant je craignais le *savoir-faire* de madame Chazal, et je demandai qu'elle
ne pût voir sa fille hors la présence
d'une maîtresse. Si cette dernière clau-e
eut été observée, tout le mal fait par
madame Chazal n'aurait pas eu lieu.

J'ai démontré plus haut et je le répète: Ces prétendus *privations* sont des
mensonges.

» ses moindres désirs, lui inspirait un
» vif désir de retrouver tout ce qu'elle
» avait perdu. »

» Le 31 août 1836, sept semaines
» après son enlèvement, une occasion
» se présente à elle de fuir sa pension,
» elle en profite, franchit le seuil de la
» porte, s'élance dans un cabriolet de
» place, et en un quart-d'heure elle est
» dans les bras de sa mère, qui toute
» entière d'abord au bonheur de la re-
» voir, et l'instant d'après à la crainte
» de la perdre encore, mais bientôt dé-
» cidée à la défendre contre toutes les
» attaques, à la disputer s'il le fallait
» devant tous les degrés de juridiction,
» à ne la céder enfin qu'à la force, et
» quand toute lutte serait devenue im-
» possible. »

» Le sieur Chazal a osé faire à l'ex-
» posante un crime d'avoir reçu sa fille,
» de lui avoir donné asile et protection;
» il eût fallut, selon lui, qu'elle la re-
» poussât loin d'elle, qu'elle lui fermât
» sa porte ou la fit reconduire dans sa
» pension. Étranges prétentions ! il faut
» l'avouer; quand le sieur Chazal n'avait
» pas consulté la mère, quand il lui avait
» arraché par surprise et violence sa
» fille, quand entre cette fille et elle il
» avait voulu élever un mur d'airain. »

Il est superflu de chercher si la manière dont la jeune Aline s'est enfuie
de la pension a pu naître dans son cer-
veau, ou si plutôt elle n'est pas le résultat de ses conférences secrètes avec
sa mère, que j'avais si positivement in-
terdites, et dont la dernière ne précéda
que de quelques heures le départ de
l'enfant. Au reste, pour madame Chazal, le bonheur de voir sa fille a cessé
avec le besoin qu'elle croyait avoir
d'une scène ou de lui faire répéter sa
leçon, puisqu'elle n'a pas attendu l'ordonnance de M. de Belleyme pour l'envoyer à Bel-Air chez son aïeule. Sur ce
point peut-être faut-il louer sa prudence, car il est des choses qu'il ne faut
laisser ni voir ni deviner à ses enfans.
Depuis, et de son *autorité privée*, madame Chazal a, contrairement à l'ordonnance de M. de Belleyme, retiré sa
fille de chez madame Tristan, et l'on
ignore ce qu'elle a fait de cet enfant.

Eh bon Dieu! je n'ai pas prétendu
élever un mur d'airain entre ma fille
et sa mère; j'ai voulu seulement faire
de ma fille une femme simple et bonne
qui ne crut pas devoir se faire *une Paria*, un *Être de vérité* pour le malheur
de tous les siens !

»La dame Chazal pressentait une »scène violente, elle s'attendait à voir »envahir le domicile qu'elle habitait; il »n'en fut pas ainsi, du moins dans »l'origine. Le sieur Chazal imagina de »former contre les demoiselles d'Héric- »quem, institutrices, devant le tribunal »civil de la Seine, une demande qui »tendait à ce qu'elles fussent tenues de »lui rendre, de lui représenter sa fille, »sinon de lui payer 10,000 fr., à titre »de dommages et intérêts. En même »temps il portait contre elles, devant »M. le procureur du roi, une plainte »en détournement de mineure.»

« Les demoiselles d'Héricquem s'em- »pressèrent de dénoncer à l'exposante »la demande faite contre elles, et l'assi- »gnèrent en garantie. Sur ces demandes »jointes, il intervint, le 30 septembre »1836, un jugement contradictoire qui »débouta le sieur Chazal de sa de- »mande, et le condamna aux dépens »envers toutes les parties.

« Il restait à prononcer sur la plainte »correctionnelle dont le résultat ne »pouvait être douteux pour personne, »et fut tel, en effet, qu'on devait l'at-

Soit par ignorance, soit avec inten- tion, madame Chazal dénaturant les faits je vais les rétablir. En plaçant ma fille chez mademoiselle d'Héricquem et m'en faisant donner un reçu, ce qui n'est pas l'usage, et en demandant qu'elle ne pût conférer avec sa mère que devant témoins, j'avais, il me semble, pris toutes les précautions possibles et suffi- samment averti les demoiselles d'Héric- quem. Aussi, lorsqu'elles eurent laissé évader leur élève, je portai plainte, non avec l'intention d'appeler sur elle la sé- vérité des lois, mais afin de les forcer à me rendre ma fille. Cette voie traînant en longueur, je chargeai un avoué qui introduisit et rédigea son instance comme il le voulut.

Le jugement du 30 septembre 1836 me débouta de ma demande, non parce que *mes droits n'étaient pas fondés*, mais parce que, *sachant que ma fille était chez madame Chazal, j'aurais dû attaquer cette dame directement et non les demoiselles d'Héricquem.* Si ce jugement, confirmé par la Cour royale, hors ma présence, malgré que j'aie fait tout ce qu'il m'ait été possible pour y assister, et tandis que j'étais sous le coup d'une infâme et presque capitale accusation, était confirmé par la Cour de cassation, ce serait bien le cas de dire qu'il vaut mieux au palais avoir pour soi la *forme*, que le *droit* ou la *justice.*

Ce n'est point M. Thévenin qui m'a appris le droit que j'avais sur ma fille; je le connaissais depuis long-temps, ainsi qu'un autre que je n'exercerais pas,

» tendre. Il intervint une ordonnance
» de non-lieu ; malheureusement une
» circonstance imprévue vint encore une
» fois tout compliquer. En concluant
» devant les magistrats civils au rejet
» de la demande du sieur Chazal, le
» substitut du procureur du roi, qui
» portait la parole, M. Thévenin, s'était
» fondé principalement sur ce que le
» sieur Chazal, connaissant le lieu de la
» retraite de sa fille, puisque celle-ci
» était auprès de sa mère, pouvait,
» quand bon lui semblerait, la re-
» prendre, rien n'ayant pu jusqu'alors
» porter atteinte à la puissance pater-
» nelle. »

« Le sieur Chazal recueillit ces pa-
» roles (de M. Thévenin), et de suite
» songea à en profiter. Sur sa demande,
» en effet, M. Dieudonné, juge d'ins-
» truction , qui ignorait évidemment le
» jugement du 30 septembre 1836, puis-
» qu'il n'en avait fait aucune mention
» dans son rapport à la chambre du
» conseil, décerna, soit un mandat d'a-
» mener, soit une commission rogatoire,
» et le 20 novembre 1836, la jeune
» Aline fut, par un commissaire de po-
» lice, arrachée des bras de sa mère et
» remise au sieur Chazal. »

« Non content de son succès, cet
» homme, non moins déraisonnable que
» dépravé, avait interjeté appel du juge-
» ment qui l'avait repoussé de sa de-
» mande contre les institutrices, comme
» si, après la remise de sa fille entre ses
» mains, ce procès pouvait encore avoir
» une apparence d'intérêt. »

dût-il m'en coûter la tête. Sur ce point,
madame Chazal peut-être tranquille.
J'ajouterai seulement que si les demoiselles d'Héricquem échappèrent à la
plainte que j'avais portée, ce n'est
pas, je le répète, parce qu'elle n'é-
tait pas fondée, mais à cause que,
*sachant où était ma fille, je devais
m'adresser directement à madame
Chazal.* C'était pour la seconde fois
que la *forme* l'emportait sur le *fond.*
Au reste , j'obtins le résultat que j'es-
pérais, puisque ma fille me fut ramenée.

Que M. Dieudonné ait ignoré ou
connu le jugement du 30 septembre
1836, ce fait n'a rien de commun avec
la réintégration de ma fille sous la puissance paternelle, réintégration que rien
ne pouvait et ne pourra jamais m'empêcher d'obtenir.

Si les demoiselles d'Héricquem se
fussent hâtées, lorsque ma fille m'eût
été remise, de me rendre son trousseau, je concevrais que madame Chazal dise que l'appel que j'ai fait du jugement du 30 septembre 1836 était
sans intérêt, elle eût même pu ajouter
sans résultat possible; mais le contraire
existant , je suis tout entier dans mon

droit. Je dirai encore à madame Chazal, qui se plaint si amèrement et paraît souffrir si cruellement de mes accusations, qu'elle devrait bien cesser de me présenter comme *un homme aussi déraisonnable que dépravé*, ou prouver ce qu'elle avance, puisque, sans cela, je suis exposé à lui répéter toujours : *Vous me calomniez !*

« Le 1ᵉʳ avril de cette année, l'expo-
» sante reçoit de sa fille, par la poste,
» une lettre par laquelle l'enfant se plaint
» d'infâmes attouchemens, tentés et mê-
» mes consommés sur elle par son père.
» Pendant la nuit, une seule couche re-
» çoit le père et ses deux enfans, il occupe
» le milieu : il a débuté par les cyniques
» attouchemens, et paraît ne s'être pas
» arrêté là. L'enfant, auquel un instinct
» de pudeur virginale fait pressentir ce
» qu'ont d'horribles ces tentatives d'un
» père sur sa fille, invoque la protection
» maternelle. Cet appel pouvait-il de-
» meurer vain ? Qu'on interroge toutes
» les mères, leurs réponses ne varie-
» ront pas ? L'exposante s'occupait des
» moyens de reprendre sa fille sans re-
» tard, et déjà elle avait adressé une
» plainte au procureur du roi, quand la
» jeune fille arriva dans un état évident
» de souffrance physique et morale. Il y
» avait trois mois et demi que l'exposante
» n'avait vu sa fille, et cette dernière
» était tellement méconnaissable, qu'elle
» ne la reconnut pas. Le premier soin
» de la mère fut de l'interroger sur ce
» qui s'était passé. »

C'est peut-être dans ce morceau de sa requête que madame Chazal, involontairement sans doute, dévoile toute la noirceur de son caractère et la profondeur de ses iniques calculs. J'ai dit et j'ai prouvé, *page* 10, que madame Chazal, n'ayant pu obtenir que je signasse que *je l'avais chassée de chez moi*, cherchait *fas et nefas*, une scène qui lui fît atteindre son but ; c'est pourquoi, malgré que je ne puisse le prouver, je suis convaincu que c'est à la suite des entretiens secrets que j'avais tant proscrits, que ma fille s'est enfuie de chez les demoiselles d'Héricquem ; je suis également convaincu que l'atroce comédie qu'en a fait jouer à ma fille est le fruit de ces infâmes conseils, et c'est cette conviction qui m'a fait demander avec instance, mais toujours inutilement, que ma fille me fût confrontée. La justesse des observations qui précèdent sera évidente, si on veut bien réfléchir que madame Chazal, n'ayant besoin que d'une pièce pour obtenir la séparation de corps, pouvait, à moins qu'elle ne soit possédée de passions haineuses, pouvait, dis-je, si le crime qu'elle a osé me faire imputer eût été vrai, armée contre moi de cette coupable et honteuse action, me dire : *Signez que vous m'avez chassée de*

chez vous (voir la page 10), *ou je
vous livre à la justice qui vous demander a compte de votre criminelle conduite.* Heureux d'échapper à ce prix à
la vengeance des lois, j'aurais tout signé,
et madame Chazal obtenait ce qu'elle
désirait sans flétrir ni sa fille, ni le père
de ses enfans. Mais comme dans cette
atroce accusation il n'y avait de vrai que
le désir de me perdre, afin d'être réellement et toujours *libre*, elle se hâte,
au reçu d'une lettre écrite d'après des
instructions données, et sûre de ce qui
allait arriver, elle se hâte, dis-je, de
porter plainte, parce qu'elle est certaine d'arriver à son but, à son unique
but, celui de perdre l'homme dont elle
n'a pu faire fléchir la volonté ! Et c'est
une telle femme qui, après avoir oublié
les devoirs d'épouse et de mère, ne craint
pas de flétrir, en le parodiant, en se
l'appliquant, ce mot si noble, si éner-
gique de l'infortunée Marie-Antoinette.
Je supplie qu'on veuille bien se rappeler qu'un tel rapprochement n'est pas
de moi, qu'il est de madame Chazal.
J'eusse reculé à l'idée de comparer
cette reine qui, sanctifiée par le malheur, préféra s'exposer à la mort plutôt
que de se séparer de son mari, de ses
enfans, et cette *Paria* qui a couru d'un
hémisphère à l'autre, sans songer aux
liens qui eussent dû, au moins, l'atta-
cher à ses enfans.

« Son conseil qu'elle avait mandé
» arrive, et, avec toute la circonspec-
» tion que demande un âge aussi tendre,
» on chercha à savoir la vérité. Rien de
» plus pénible qu'un tel interrogatoire,
» nécessaire pourtant, afin d'arriver au

Il est heureux pour l'innocence que
la calomnie se décèle toujours. En
effet, dans l'alinéa précédent, madame
Chazal dit qu'*au reçu de la lettre de
sa fille elle avait adressé une plainte
au procureur du roi*; dans celui-ci,

» parti que commanderaient les cir-
» constances. Les réponses de l'enfant
» n'ont point varié ; il en résultait, et il
» est demeuré constant, de l'aveu du
» sieur Chazal, que pour lui, sa fille et
» son fils, il n'y avait qu'un lit. Du reste,
» elle se plaint d'attouchemens aux par-
» ties sexuelles en même temps que de
» ses propres mains elle eût servi d'ins-
» trument de pollution. Rien, d'ailleurs,
» ne paraissait établir qu'il y eût eu préci-
» sément emploi de la violence, ni qu'un
» plus infâme attentat eût été tenté sur
» elle. »

« Tout à coup on sonne à la porte,
» à peine entr'ouverte et poussée vio-
» lement : c'est le sieur Chazal, les traits
» bouleversés, qui, dit-il, vient chercher
» sa fille ; alors, il faut le dire, se passe
» une scène déplorable. La mère, dans
» un état d'irritation impossible à dé-
» crire, se posait comme une barrière
» insurmontable entre sa fille et celui
» qui l'avait déshonorée. Des ordres
» avaient été donnés, ajoutait-elle, pour
» que le coupable fût arrêté ; ce n'était
» pas à elle à le livrer à la justice, mais

elle prétend que l'interrogatoire, qu'elle
et son conseil font subir à l'enfant,
était *pénible*, mais *nécessaire, afin d'arriver au parti que commanderaient les
circonstances.* Cependant, si une plainte
avait été portée, de quel droit interro-
giez-vous l'enfant qui ne devait plus parler qu'à des magistrats ? Était-ce pour retirer votre plainte ? Mais cela ne dépendait pas de vous, il fallait que justice eût
son cours. Dans cet état de choses, on
comprend l'intérêt, l'immense intérêt
de cet interrogatoire ! Il importait de sty-
ler l'enfant ; car je le répète encore, la
déposition de ma fille est l'ouvrage de
madame Chazal et de son conseil. Quant
au crime d'avoir fait coucher mes enfans
avec moi, Il n'y a, je crois, que les
gens capables d'incestes qui y verront
un délit ; les autres me plaindront de
ce que les dépenses faites précédemment et l'injuste retenue du trousseau
et du lit par les demoiselles d'Héricquem, me réduisaient à cet extrémité.
Mais d'un fait malheureux à un crime,
il y a toute la distance de ma vie à la
vôtre, du calomnié au calomniateur.

Madame Chazal fait tout ce qui dépend d'elle pour rendre sa requête dra-
matique, et le soin qu'elle se donne
pour intéresser serait plaisant, si les faits
dont elle parle, et le but qu'elle veut
atteindre n'étaient atroces. Pour lui répondre, je ne me draperai pas comme
elle, je serai simple mais je serai vrai. Je
demanderai s'il est possible de croire à
la vérité de ce qu'elle rapporte ? Si l'on
conçoit une mère qui devait être si douloureusement émue, conservant une mémoire si heureuse des moindres faits, et

»qu'il fallait qu'il sortît ; et, joignant le
»geste à l'injonction , elle voulait s'é-
»lancer sur lui pour le repousser, et le
»sieur Chazal, tout tremblant, affectait
»cependant de conserver une bonne
»contenance. Il voulait, disait-il, qu'on
»lui rendît sa fille, il ne sortirait qu'a-
»vec elle. Était-ce le calme impertur-
»bable d'une conscience pure, la fer-
»meté de l'honnête homme injustement
»accusé d'un infâme attentat? ou bien il
»y avait-il de sa part un parti pris d'en
»imposer par une fermeté apparente et
»pleine de sangfroid dans l'exécution;
»sentant de qu'elle importance il était
»pour lui, dans cet instant suprême,
»de reprendre sa fille, pour la détermi-
»ner, par les menaces et les caresses à
»un silence absolu? s'était-il armé de
»cette résolution qui accomplit les
»grandes actions comme les grands
»crimes? c'est ce qui n'appartient pas
»à la dame Chazal de décider. »

poussant la finesse de l'esprit, le tact ex-
quis de la femme impassible, jusqu'à distinguer que son mari tremblant *affectait
cependant de conserver une bonne contenance.* Hélas! si toute cette affreuse
scène n'eût été préparée de longue main,
eût-il été possible à madame Chazal
d'observer avec tant de précision! Quelle
est la mère capable de voir l'assassin de
sa fille, surtout si cet assassin est le
propre père de l'enfant, et d'analyser si
exactement les sensations qu'il éprouve! A mon tour, j'en appelle à toutes les
mères, je soutiens qu'il n'en est pas une
qui dise, à la place de madame Chazal,
j'eusse fait comme elle. Au mensonge
préparé, étudié de madame Chazal,
j'opposerai la vérité. Je dirai que, du
moment où j'appris la fuite de ma fille,
je pensai qu'elle s'était retirée chez sa
mère. En arrivant, je n'ai point sonné,
je ne suis point entré comme un furieux; il est possible que mes traits pei-
gnissent la pénible émotion d'un mari
outragé, d'un père affligé, mais ils n'of-
fraient rien de plus. Ce n'est qu'en ap-
prenant par madame Chazal, dont la
voix et les gestes visaient évidemment à
l'effet et en produisaient réellement
sur les personnes présentes, que j'é-
prouvai un violent mouvement non de
colère, mais d'indignation, et lorsqu'elle
me pressait de me retirer, parce que, di-
sait-elle, *des ordres étant donnés pour
me faire arrêter, je pouvais l'être chez
elle;* je refusai de m'éloigner et me con-
tentai d'opposer au rôle furieux que jouait
madame Chazal un froid mépris, et j'é-
tais résolu à attendre patiemment chez
elle le résultat des machiavéliques projets ourdis contre moi. Par suite de cette

résolution, je refusai de quitter mon domicile, malgré que j'eusse été prévenu *que j'y serais arrêté, qu'il fallait que je m'éloignasse pendant quelque temps.* Si j'eusse cédé à ces perfides suggestions, le but que l'on désirait était atteint; fugitif, j'eusse été supposé coupable, et comme tel condamné. Je pourrais ici faire remarquer qu'on ne comprendrait pas la présence de M. Duclos chez madame Chazal *dans cet instant suprême,* s'il n'eût été pour mes lâches ennemis de la plus haute importance de frapper *promptement, de frapper juste, de frapper fort et avec une apparence de légalité.*

« Quoi qu'il en soit, l'arrivée du » commissaire de police dont on avait » été de nouveau presser l'intervention » mit un terme à cette lutte affreuse. Il » dut faire entendre le langage de la » froide raison, employer toute son au- » torité pour démontrer au sieur Cha- » zal que, dans la position où se trou- » vaient toutes les parties, il devait d'a- » bord se retirer, puis, s'il le jugeait » convenable, s'adresser à l'autorité » pour se faire rendre sa fille. Enfin le » sieur Chazal consentit à se retirer; » trois jours après il était sous la main » de la justice. »

Le commissaire de police n'eut pas besoin de me parler longuement pour me faire entendre *le langage de la froide raison* et me faire comprendre que je devais me retirer. Seulement au lieu de rentrer paisiblement et douloureusement chez moi, si j'eusse appelé l'attention de la justice sur les infâmes et coupables manœuvres de madame Chazal, si j'eusse pris un *conseil,* ma fille eût été soustraite à la dangereuse influence de sa mère, la vérité eût été promptement découverte, et pendant soixante-seize jours, je n'eusse pas été sous les verrous confondu avec des hommes plus ou moins pervers.

Madame Chazal dit que *trois jours après j'étais sous la main de la justice;* elle se trompe, je ne fus arrêté que le huitième jour, et cette inexactitude sur sur un fait matériel prouve le peu de confiance que méritent les autres assertions de madame Chazal.

31

« Le commissaire de police Yon fut
» chargé d'interroger la jeune Aline, et
il lui fut aisé de se convaincre que le langage de cet enfant n'était pas inspiré,
appris par cœur comme le sieur Chazal
a osé l'insinuer. L'instruction, confiée à
» M. Fournerat, eut son cours. »

Ce ne doit pas être M. Yon, commissaire de police du quartier Poissonnière,
qui a reçu le premier interrogatoire de
ma fille, mais bien M. Lemoine-Tache-
rat, commissaire du quartier Saint-
Thomas d'Acquin, que madame Chazal
avait envoyé chercher, et qui m'engagea
à me retirer, en me disant qu'il avait
une déclaration à recevoir. Au reste,
quel que soit celui de ces magistrats,
j'observerai qu'ils sont quelquefois *magistrats judiciaires* au premier degré,
qu'ils reçoivent les dépositions et dres-
sent des procès - verbaux, mais qu'ils
n'ont pas le droit de changer les mots
qu'on leur dit sous le prétexte de rendre la pensée du déposant en meilleur
français ; c'est cependant ce qui a dû
arriver de la déposition de ma fille qui
est rédigée avec un choix d'expressions,
une propriété de termes qui prouvent
jusqu'à l'évidence ou que, perroquet habile elle a parfaitement retenu sa leçon,
ou qu'on a fait dire au procès-verbal ce
qu'il n'aurait pas dû exprimer. Dans
l'un ou l'autre cas, il s'est trouvé une
victime, un agent inexpérimenté et
de lâches et perfides calomniateurs.
Quant à l'instruction dirigée par M. Fournerat, je n'accuserai pas ce magistrat
de s'être laissé circonvenir par mes ennemis ; mais je ne comprendrai jamais
pourquoi il n'a pas soustrait le seul témoin de cette déplorable affaire à l'influence de madame Chazal, ni pourquoi
je n'ai pas été mis en présence de ma fille.

« Elle se suivait quand l'appel, inter-
» jeté par le sieur Chazal, vint utilement
» à l'audience de la première cham-
» bre de la cour royale : la cause fut

Je suis surpris que madame Chazal
n'ait pas dit : *plaidée, jugée et perdue.*
Peut-être s'est-elle souvenue qu'il y
avait encore un degré de juridiction à

» plaidée et jugée le 13 mai 1837. »

« Comme les articulations calomnieuses et diffamatoires qu'on se permit
» à cette occasion contre la dame Cha-
» zal et qui, ainsi qu'on le verra bientôt,
» doivent être considérées comme l'œu-
» vre propre de son mari, sont une des
» causes qui, dans l'opinion de l'expo-
» sante, doive motiver la prononciation
» immédiate et sans enquête de sa sépa-
» ration de corps, il importe ici de citer
» textuellement le compte-rendu de cette
» audience par la *Gazette des Tribu-*
» *naux*, dans son numéro du dimanche
» 14 mai 1837. »

« Me Jules Favre (c'était l'avocat du
» sieur Chazal, appelant) expose les
» faits de la manière suivante : M. Cha-
» zal, graveur, est l'époux de Flore
» Moscoso, dont les passions ardentes,
» excitées par l'ardeur du sang castillan
» qui coule dans ses veines, ont rendu le
» sieur Chazal le plus malheureux des
» hommes. Le constant oubli de la foi
» conjugale a entraîné, depuis six ans,
» la dame Chazal au milieu de mille
» désordres, à quitter le toit de l'hymé-
» née pour habiter avec d'autres person-
» nes et colporter ses intrigues jusqu'au-
» delà des mers, jusqu'au Pérou. Reve-
» nue à Paris, elle a pris pour domicile
» la demeure même de l'homme qu'elle
» a préféré à son époux ; celui-ci, dont
» le caractère ferme avait tout supporté,
» crut devoir un jour se présenter à ce
» domicile ; mais il y fut reçu avec un
» tel scandale qu'il s'éloigna pour ne
» plus tenter aucun moyen de rappro-

parcourir, et a-t-elle pensé que, fort de
mon droit, je le parcourrais.

Dans le mémoire adressé à mes juges, et Me Favre, dans sa plaidoirie, nous
avons ... la *vérité*, mais non *toute la
vérité*. Si madame Chazal admet ce
fait, je conçois que le tribunal la dis-
pense d'une enquête, et je ne m'oppose
certes pas à notre séparation de corps ;
mais, dans le cas contraire, il faut une
enquête complète et sévère tant sur
moi que sur madame Chazal, afin que
la vérité soit manifestée, et le calomniateur puni.

Je ne puis rien dire de la plaidoirie
de Me Favre ; je ne puis pas non plus juger l'exactitude du compte rendu par la
Gazette des Tribunaux, puisque dé-
tenu à la prison de Sainte-Pélagie, par
suite de la plainte de ma fille, la faculté
d'assister à l'audience de la cour m'a-
vait été refusée, quoique mon avocat
l'eût demandée et que pour l'obtenir
j'eusse fait les plus vives instances.

»chement avec la dame Chazal. Deux
»enfans sont issus de ce mariage : la
»jeune Aline, âgée de dix ans, a été
»placée par son père chez mesdames
»d'Héricquem, institutrices, rue du
»Paradis-Poissonnière. Ces dames ont
»compris le malheur du père ; elles se
»sont engagées à une surveillance parti-
»culière à l'égard de la jeune Aline, et,
»déférant aux désirs du sieur Chazal,
»elles ont consenti à lui donner, contre
»l'usage, une reconnaissance constatant
»qu'elles recevaient chez elles la jeune
»personne qu'elles déclarent en même
»temps digne à leurs yeux du plus vif
»intérêt; cependant celle-ci a quitté la
»pension pour rejoindre sa mère, rue
»du Bac, et depuis cet enlèvement ou
»cette disparition facilitée soit par
»le concert, soit par la connivence
»des institutrices, le sieur Chazal n'a pu
»obtenir la réintégration de sa fille dans
»la pension. Il a dû former alors une de-
»mande contre les dames d'Héricquem,
»à fin de représentation de la jeune Ali-
»ne, sinon à 10,000 fr. de dommages et
»intérêts; mais le tribunal a pensé que
»lors même que, par défaut de surveil-
»lance ou par un concert avec la mère,
»l'enfant eût quitté la pension, c'était
»dans le seul but de se réunir à sa mère
»auprès de laquelle elle était, et que
»dès lors c'eût été contre la dame Cha-
»zal que la demande eût dû être formée;
»quant aux dommages et intérêts, le
»tribunal les a refusés faute de justifi-
»cation de préjudice pour le père ou
»pour l'enfant. — M. le président Sé-
»guier à Mᵉ Favre : Le procès consiste
»à savoir s'il y a préjudice; établissez le
»fait. — Mᵉ Favre : Le préjudice est

»réel. M. Chazal a tout quitté pour se
»consacrer aux soins qu'exigeait , dans
»cette circonstance, l'intérêt de sa fille;
»il a mis en réquisition la police: il
»s'est adressé à M. le procureur du roi;
»il a fait toutes sortes de démarches et
»de dépenses; il lui importait trop es-
»sentiellement d'obtenir la réintégration
»de sa fille dans la pension et de la sous-
»traire aux mauvais exemples d'une
»mère qui a manqué à tous ses devoirs.
»—Me Curé, avoué de la dame Chazal;
»Je prie la cour de me donner acte pour
»ma cliente des imputations diffamatoi-
»res faites au nom du sieur Chazal con-
»tre son épouse. Aucune de ces impu-
»tations n'est méritée , et nous nous
»pourvoirons pour les faire juger et pu-
»nir en temps et lieu. — Me Favre : Je
»regrette que mon client ne soit pas pré-
»sent; il donnerait les explications désira-
»bles, il s'est constamment tu en présence
»des désordres de sa femme lorsqu'il au-
»rait pu la traduire en justice, mais il n'a
»pas voulu flétrir la mère de ses enfans.
»— Me Curé: Encore une fois , je de-
»mande acte de ces faits calomnieux. »

«Des conclusions furent en effet rédi-
»gées et déposées séance tenante; mais
»la cour, après en avoir délibéré, consi-
»dérant, dit elle, que les injures avaient
»été réciproques, refuse de donner acte
»à l'exposante des imputations diffama-
»toires dont elle avait été l'objet; et au
»fond, adoptant les motifs des premiers
»juges, et confirmé leur décision en dé-
»mettant le sieur Chazal de son appel. »

«Certes, personne plus que l'expo-
»sante n'est pénétré du respect dû aux

Encore une fois, je répète, qu'il
existe un tribunal supérieur à la cour
royale.

N'ayant pu , ainsi que je l'ai dit, obtenir d'assister à l'audience de la Cour

» décisions émanées d'une Cour souve-
» raine, personne, surtout, n'est plus
» convaincu que dans cette circonstance,
» les honorables magistrats, arbitres de
» ces débats, n'aient prononcé en leur
» âme et conscience; mais, elle est en-
» core à se demander où la Cour a pu
» trouver que de sa part il y avait injure
» ou diffamation? »

» Vainement, en effet, cherchait-on
» dans le compte-rendu de cette au-
» dience, par les divers journaux judi-
» ciaires, une phrase, une seule expres-
» sion qui eussent un caractère diffama-
» toire et qui pussent ainsi, non 'excu-
» ser, mais pallier même les sanglans
» outrages dont on flagellait une femme
» sans défense. Quoi qu'il en soit, il était
» pour la dame Chazal d'une importance
» capitale que les invectives, les imputa-
» tions calomnieuses dirigées contre elle
» fussent officiellement constatées, que le
» sieur Chazal fût mis en demeure d'en ac-
» cepter la responsabilité, car ainsi qu'on
» le verra bientôt, si l'arrêt de la Cour
» a pu avoir pour résultat de soustraire

royale, je ne puis juger si réellement madame Chazal s'est abstenue de m'injurier et de me diffamer, soit avant, soit pendant les débats; cependant, quel nom donner à ces lignes qui sont dans la *Gazette des Tribunaux*, et dans le même article dont madame Chazal se plaint si amèrement? Son malheur, dit Me Curé, a voulu qu'*elle épousât un homme sans éducation et sans mœurs*. Ce nouveau mensonge, cette nouvelle calomnie ne me surprennent pas; madame Chazal m'a outragé tant de fois, sans nécessité pour elle, qu'il eût été difficile de songer qu'elle n'eût pas profité de l'occasion d'une plaidoirie pour le faire encore. En effet, pourquoi aurait-elle négligé la publicité d'une audience, elle, qui sans motifs, comme sans prétextes, dans *ses Pérégrinations*, m'a prodigué de telles injures que j'ai dû demander au tribunal la suppression de l'ouvrage!

Je n'ai pas lu, j'ai dédaigné lire *les divers journaux judiciaires* pour savoir s'ils contenaient *une phrase, une seule expression qui eussent* à mon sujet *un caractère diffamatoire*; cependant, madame Chazal, qui se présente dans sa requête comme une femme innocente, malheureuse, persécutée, *flagellée* par un époux cruel et barbare, et par son avocat, ne s'est pas refusé le doux plaisir de m'injurier, de me diffamer et de me calomnier? Si elle eût agi autrement, il y aurait bien loin, extraordinairement loin de madame Chazal à la *Paria*, car cette dernière a usé largement de la faculté de me calomnier. Cependant je ne me fais pas de ses injures *un moyen*

» l'avocat qui s'est rendu le complaisant
» et mercenaire interprète d'injures im-
» méritées, soit à la vindicte des lois, soit
» à la pénalité des lois disciplinaires; si
» enfin, cet arrêt lui a garanti une im-
» punité sur laquelle il avait compté sans
» doute, puisqu'il a tant osé; il n'est pas
» moins vrai que ces injures, ces diffa-
» mations, proférées au nom du sieur
» Chazal et avouées par lui deviennent
» un moyen péremptoire et immédiat
» de séparation. »

« M⁰ Favre fut donc, par un acte
» extra-judiciaire du 17 mai dernier, en-
» registré, mis en demeure d'avouer
» comme véridique ou de désavouer les
» paroles qu'il avait prononcées devant
» la cour, et qui, dans cet acte, étaient
» textuellement rapportées comme les
» avait reproduites la *Gazette des Tri-
» bunaux*, et de déclarer si ces paroles
» avaient eu l'assentiment du sieur Cha-
» zal. A cette interpellation, M⁰ Favre
» répondit : qu'il était étranger à la ré-
» daction de l'article rappelé dans l'ex-
» ploit qui précédait; qu'il n'avait pas
» conséquemment aucune explication à
» donner en raison de ses termes; que
» tout en entendant assurer la responsa-
» bilité des paroles qu'il avait pronon-
» cées à l'audience publique de la Cour
» royale de Paris, et que le défenseur de
» la dame Chazal pourrait recueillir
» pour en demander acte si bon lui sem-
» blait, il protestait de toutes ses forces
» contre la signification extraordinaire
» qu'on lui avait faite au nom de la dame
» Chazal. M⁰ Favre fut assigné sur cette
» réponse. Au même instant, par un
» autre acte extra-judiciaire, une sem-

*péremptoire et immédiat de sépara-
tion.*

Oui j'ai écrit et signé que la demande
qui m'était faite *était ridicule et me
faisait pitié*; oui, j'ai dit et je le repète,
moi et M⁰ Favre *nous avons dit la vérité, mais non pas toute la vérité.*

» blable interpellation était adresée au
» sieur Chazal, auquel on donnait aussi
» copie textuelle du compte rendu de
» l'audience, et il répondait que la de-
» mande qui lui était faite par son épouse
» était ridicule et lui faisait pitié, et il
» signait cette impertinente réponse, con-
» firmation injurieuse des précédentes
» injures jetées lâchement au front d'une
» femme, parce qu'elle était sans défense.
» Aussi, il demeure acquis au procès
» que tout ce qu'a dit Mᵉ Favre est l'œu-
» vre de son client, et que celui-ci s'ap-
» proprie les injures, les diffamations
» proférées en son nom, qu'il en assume
» sciemment toute la responsabilité et
» toutes les conséquences. »

« Maintenant ces injures, ces diffa-
» mations ont elles un caractère de gra-
» vité telle qu'elles deviennent constantes
» comme elles le sont, puisque la presse
» périodique les a reproduites, et déter-
» miner la séparation de corps immé-
» diatement sans enquête.

« En vérité, discuter froidement une
» telle question, ce serait faire injure à
» la raison des magistrats. Quoi, on re-
» proche à la dame Chazal le constant
» oubli de la foi conjugale? Quoi, elle
» a vecu, dit-on, au milieu de mille dé-
» sordres! On lui impute d'avoir quitté
» le toit de l'hyménée pour habiter avec
» d'autres personnes et d'avoir colporté
» ses intrigues jusqu'au delà des mers,
» jusqu'au Perou! On l'accuse d'avoir
» manqué à tous ses devoirs, d'avoir
» pris pour domicile la demeure même
» de l'homme qu'elle a préféré à son

A voir combien de fois madame
Chazal repète que le tribunal peut et
doit exaucer sa requête sans ordonner
d'enquête, il est évident qu'elle redoute
prodigieusement cet acte, tandis que je
l'appèle de tous mes vœux afin qu'un
jour nos enfans puissent discerner entre
madame Chazal et moi.

A cette longue et très-longue tirade,
dirigée bien plus contre mon avocat
que contre moi; malgré que j'aie dit et
répété que Mᵉ Favre n'avait rien avancé,
rien allégué que je ne ratifiasse et ne
sois prêt à prouver, je ferai une réponse
catégorique. Mad. Chazal paraît surtout
redouter *d'être forcée d'humilier sa tête,
d'accepter l'injure, l'atroce diffamation! et de vivre enfin face à face avec
un homme qui l'a ainsi déchirée, salie,
et stygmatisée.* Sur ce point, je me hâte
de la rassurer; elle peut être tranquille;
depuis 1825, j'ai dit et écrit que je ne fe-

» époux. On aurait pu, dit-on, la tra-
» duire en justice, la flétrir, et on a eu
» pitié d'elle ! Et ce ne serait pas là des
» injures qui se gravent en caractères
» ineffaçables ? Et cette femme qu'à
» satiété on proclame intrigante et pros-
» tituée, on pourrait la forcer d'hu-
» milier sa tête, d'accepter l'injure,
» l'atroce diffamation et de vivre enfin
» face à face avec l'homme qui l'a ainsi
» déchirée, salie, stygmatisée ! non; la
» loi ne l'y a pas condamnée; car si elle
» l'eût fait, elle aurait cessé d'être mo-
» rale et juste ! Vainement objecterait-
» on l'arrêt de la cour et cette déné-
» gation d'une formule au surplus fort
» inutile alors que les pensées et les pa-
» roles sont avouées ! à quoi, en effet,
» eût-il servi que la Cour donnât acte
» des paroles qui ont été reproduites
» par la presse, rappelées à leurs au-
» teurs et expressément avouées par
» ceux-ci? Il ne faut pas d'ailleurs s'y
» tromper, la seule conséquence qui
» doive, qui puisse résulter de l'arrêt de
» la Cour, c'est l'impunité de l'avocat,
» rien de plus. Que porte, en effet,
» l'art. 25 de la loi du 17 mai 1819 :
» qu'en thèse générale les discours pro-
» noncés ou les écrits produits devant
» les tribunaux, ne donneront lieu à
» aucune action en diffamation ou in-
» jures, que néanmoins les juges saisis
» de la cause pourront, en statuant sur
» le fond, prononcer la suppression des
» écrits injurieux et diffamatoires et
» condamner qui de droit à des dom-
» mages et intérêts, comme aussi pro-
» noncer des injonctions et même des
» suspensions contre les avocats et offi-
» ciers ministériels, après quoi il est

rai, rien pour obtenir le divorce, pas
même une pétition à la Chambre des
Députés; que s'il était rétabli, que si
j'étais provoqué, je l'accepterais, je le
redis encore : je renonce, par respect
pour moi, à exercer les droits de mari;
mais ceux de père, je veux pouvoir les
remplir dans toute leur étendue, je veux
diriger mes enfans dans le sentier de
l'honneur et des convenances sociales,
et ce droit que je tiens de la loi, je le
réclamerai toujours et partout. Madame
Chazal se plaint de ce que les diffamations dont elle a été l'objet, ne se sont
pas bornées à *la publicité de l'audience*,
qu'on y a joint celle bien autrement
immense de la presse; que ce n'est pas
seulement au *Palais-de-Justice*, qu'elle
*a été odieusement calomniée mais en
tous lieux*, que *la voix accusatrice
a eu du retentissement dans tous les cercles, dans tous les salons*; que *Paris tout
entier, la France, les deux mondes ont
appris l'injure*; que *partout elle a été
perdue de réputation*. A cette longue
kyrielle, ne semblerait-il pas réellement
que ma voix s'est fait entendre par toute
la terre? qu'un mémoire que j'ai fait,
étant sous les verrous, à Sainte-Pélagie,
a été lu par tous les habitans de notre
globe? Eh! bon Dieu! madame Chazal,
soyez un peu plus modeste ! Songez que
malgré tout le lustre que jetera, sur
votre nom, votre brillant et véridique
ouvrage, songez que malgré les articles
de journaux qui, à la vérité, ne doivent
pas tous être agréables à votre vanité,
songez, dis-je, que l'édition n'est pas
encore vendue; et quoique vous ayez
eu le rare talent, à propos de vous et
toujours de vous, de me calomnier, de

— 39 —

»ajouté : « Pourront toutefois les
»faits diffamatoires étrangers à la cause
»donner ouverture, soit à l'action pu-
»blique, soit à l'action civile des par-
»ties; lorsqu'elle aura été reservée par
»les tribunaux, » N'est-il pas évident
»que ces diverses dispositions conçues
»dans un même esprit, concernent
»exclusivement les avocats et officiers
»ministériels, contre lesquels les tri-
»bunaux saisis de la contestation peu-
»vent prononcer soit la suppression des
»écrits diffamatoires, soit des injonc-
»tions ou même une suspension, et
»contre lesque's aussi ils peuvent ré-
»server des actions aux parties inté-
»ressées. Qu'on veuille soutenir que
»la Cour n'ayant pas, dans l'espèce,
»reservé à la dame Chazal, comme elle
»le demandait, ses droits et actions;
»elle n'en peut exercer aucune con-
»tre Mᵉ Favre, on le concevrait;
»mais vouloir que son mari, étant
»l'instigateur avoué de ces diffamations,
»elle n'en pût obtenir raison contre lui,
»ni s'en faire un motif de séparation de
»corps, ce serait étrangement mécon-
»naître l'esprit de la loi. De nombreux
»arrêts, d'ailleurs, ont jugé qu'en ma-
»tière de séparation de corps, les im-
»putations diffamatoires proférées à
»l'audience, celles même que con-
»tiennent les écrits respectivement si-
»gnifiés, deviennent des motifs, pour
»celui des époux contre lequel elles ont
»été dirigées, d'obtenir sa séparation
»de corps. Et certes, il y a bien, dans
»l'espèce, identité de raison, ou plutôt,
»il y a incontestablement plus de mo-
»tifs encore pour décider en faveur de
»la dame Chazal; car si des imputa-

me prodiguer les épithètes les plus vives
et les plus injurieuses; que vous ayez
jugé à propos, dans la crainte qu'on ne
me reconnut pas, de distinguer mon
frère par son modeste mais honorable
emploi, afin peut-être de vous venger du
mépris qu'il vous a toujours porté,
malgré tous ces faits qui sont patens,
et surtout malgré l'espèce de célébrité
que donnent des débats judiciaires, je
me crois trop petit, trop perdu dans la
foule pour prétendre jamais que dans
tous les cercles, dans *les salons*, dans
Paris entier, dans *la France*, dans *les
deux mondes*, on sache seulement que
j'existe; aussi appréciant cet ouvrage à sa
juste valeur, je me garderai bien de vous
demander un désaveu, ou une répara-
tion d'honneur, afin de me réhabiliter
à la Chine, au Congo ou près de vos
compatriotes les *Péruviens*. Croyez-moi,
attendez, ayez un peu de patience. La
Paria ne peut encore prétendre au droit
de s'asseoir parmi les Staël, les Cotin,
les Genlis, même à distance des Georges
Sand; son nom, tout illustre qu'il soit,
est encore trop obscur ! Enfin terminant
par un conseil charitable, je dirai à
madame Chazal : Vous insistez trop
»pour obtenir votre séparation de corps
»sans enquête; c'est maladroit, cette
»insistance ferait croire que vous crai-
»gnez la lumière, ce qui n'est pas, car
»vous l'avez dit, vous *êtes un être de
»vérité* et certainement que

Le jour n'est pas plus pur que le fond de *votre
cœur.*

» Je me permettrai de vous deman-
» der encore si, ayant usé, je pourrais
» même dire lâchement abusé, du droit

» tions écrites que personne n'entend,
» que les avocats, les avoués, les juges
» seuls ont pu lire, suffisent cependant,
» d'après une jurisprudence constante,
» pour motiver la séparation de corps ;
» si d'autres imputations ont le même
» effet, par cela seul que proférées dans
» une audience publique, elles ont pu
» être entendues d'un nombre de spec-
» tateurs plus ou moins grand ; parce
» qu'enfin il y a publicité plus ou moins
» réelle, à combien plus juste titre, ces
» diffamations qui n'ont pas eu seulement
» la publicité de l'audience, mais celle
» bien autrement immense de la presse,
» doivent-elles déterminer les magistrats
» à prononcer une séparation immédiate
» et sans enquête ? Ce n'est pas seule-
» ment, en effet, au Palais de justice
» que l'exposante est odieusement ca-
» lomniée ; elle l'a été en tous lieux ; la
» voix accusatrice a eu des retentisse-
» ment dans tous les cercles, dans tous
» les salons ; Paris entier, la France,
» les deux mondes ont appris l'injure ;
» partout l'exposante a été perdue de
» réputation. Ces injures, d'ailleurs, on
» le verra bientôt, quelques graves
» qu'elles soient, ne sont pourtant pas
» les seules ; dans une occasion plus
» récente, elles ont été répétées, dé-
» passées même, et c'est encore la presse
» qui a été l'instrument de ces nouvelles
» diffamations. »

« L'instruction dirigée contre le sieur
» Chazal eut son cours, et le 13 juin der-
» nier, au rapport de M. Fournerat,
» juge d'instruction, il est intervenu,
» en la chambre du conseil une ordon-
» nance par laquelle : attendu qu'il existe

» de me calomnier, de me diffamer
» dans vos *Pérégrinations* tirées à un
» très-grand nombre d'exemplaires des-
» tinés à parcourir le monde, et l'ayant
» fait par la presse, si dis-je, vous avez
» le droit de crier si fort contre mon
» pauvre diable de mémoire justificatif,
» destiné à vos juges, simplement auto-
» graphié et tiré à trente-cinq exemplai-
» res. Je soumets cette question à votre
» haute et impartiale intelligence. »

Tout en voulant dire peu de mots
sur la procédure suivie contre moi, je
ne puis m'empêcher de répéter ici que
M. Fournerat, juge d'instruction, n'a
pas déféré à ma juste prière en laissant
ma fille, *qui était le seul témoin de l'af-*

» contre le sieur Chazal présomptions
» suffisantes d'avoir dans les derniers
» mois de 1836 et les premiers de
» 1837, commis, avec violence, des at-
» tentats à la pudeur sur la personne de
» sa fille Aline Chazal, fait qualifié
» crime et prévu par les articles 55, et
» 333 du code pénal, le tribunal or-
» donne que le dit Chazal sera pris au
» corps et les pièces transmises à la
» Cour royale, chambre des mises en
» accusation, etc., etc. Le sieur Chazal,
» il faut s'empresser de le dire, s'est
» pourvu contre cette décision et le 27
» du même mois de juin la cour a sta-
» tué sur son appel. Les conclusions du
» substitut de M. le procureur général
» (M. Didelot), tendaient à ce qu'il
» plût à la cour : attendu que les faits
» avaient été mal appréciés par les pre-
» miers juges et qu'ils ne constituaient
» qu'un délit correctionnel, annuler
» une ordonnance de renvoi du 15 juin
» précédent et renvoyer Chazal devant
» le tribunal correctionnel de la Seine,
» pour y être jugé suivant la loi ; mais
» la Cour considérant que les faits
» avaient été mal appréciés par les pre-
» miers juges a annulé l'ordonnance
» de renvoi et considérant qu'il n'était
» pas suffisamment établi qu'André
» François Chazal se fût rendu coupa-
» ble d'aucun fait qualifié crime, délit
» ou contravention, a dit qu'il n'y avait
» lieu à accusation ni à plus amples
» informations. »

» Par suite le sieur Chazal fut mis en
» liberté. Il y était depuis une quin-
» zaine environ, quand l'exposante ap-
» prit qu'il distribuait, contre elle, un

faire, sous l'empire de sa mère et en ne
me confrontant pas avec cet enfant, qui,
devant moi, aurait probablement avoué
le rôle infâme qu'on lui avait imposé.
De cette absence de mesures protectri-
ces, il est résulté que M. Fournerat su-
bissant, bien à son insu sans doute, l'influence de mes ennemis, a fait partager
sa conviction à la chambre du conseil.
Fort de mon innocence, j'ai appelé de
cette décision. Le substitut du procureur du roi a conclu, devant la chambre des mises en accusation à mon renvoi en police correctionnelle, et la Cour
a rendu un arrêt de non lieu. Peut-être
serait-ce ici le cas de faire observer que
dans la plainte rendue contre moi il est
dit : *attentat sans violence*, et que dans
l'ordonnance rendue par la chambre du
conseil sur les conclusions de monsieur
Fournerat, juge d'instruction, il est
dit : *attentat avec violence*. En effet,
je ne me rends pas compte de cette ag-
gravation dans le délit, parce qu'il me
semble que les magistrats devraient plutôt être portés à diminuer les faits qu'à
les augmenter, et avoir sans cesse ce
précepte devant les yeux : « Dans le
» doute, abstiens-toi. » Quoiqu'il en soit,
tout en remerciant la chambre des mises
en accusations de la justice qu'elle
m'a rendue; je regretterai toujours que
la cause n'ait pas été portée devant le
jury, parce que les débats judiciaires
auraient proclamé hautement mon innocence et démasqué mes ennemis !

Ce que madame Chazal dit être un
libelle, est simplement le mémoire que
j'ai fait pendant que j'étais sous les ver-
roux, et adressé à mes juges afin d'é-

» libelle diffamatoire autographié, por-
» tant la date du 20 juin 1857, et la si-
» gnature du sieur Chazal avec ces mots
» tracés à la plume de sa propre main :
» Arrêté le 12 avril 1857 et renvoyé par
» suite d'une ordonnance de non-lieu
» après soixante-seize jours de détention.
» Dans ce libelle où l'abjection du langa-
» ge le dispute au cynisme de la pensée,
» les plus violentes injures sont accumu-
» lées contre la dame Chazal; on y trouve
» entr'autres ces passages : Quoiqu'il
» m'en coûte de dévoiler l'inconduite
» d'une femme que j'ai aimée et à qui
» j'ai donné mon nom, je me vois forcé
» de lever devant vous le voile qui cache
» ses turpitudes... Or, quels noms peu-
» vent être donnés à la femme qui m'ac-
» cuse?... elle qui faisait consister le
» bonheur dans la possession des ri-
» chesses achetées même au prix du dés-
» honneur... N'est-ce pas là le langage
» d'une femme sans honneur, sans pu-
» deur, sans cœur... car près de sa mère,
» n'ayant sous les yeux qu'un pernicieux
» exemple, elle ne pouvait que se per-
» dre et contracter de pernicieuses ha-
» bitudes... J'avais tout à craindre en
» la laissant près d'une mère flétrie,
» d'une femme vile, ne respectant rien
» et ne reculant devant aucun des
» moyens qui peuvent lui procurer de
» l'or... Je désire que vous sachiez quel
» est l'homme âgé qui était chez elle
» avec M. Duclos afin de vous assurer
» si ce n'est pas celui qui l'entretient et
» qui plus que tout autre a intérêt à me
» flétrir, afin que ma femme obtenant
» une séparation de corps elle n'ait pas
» à craindre de ma part une poursuite
» en adultère... Il a donc fallu qu'elle

clairer leur religion. Il est vrai qu'il est
écrit sans art, et pendant qu'affaissé par
la douleur et tout entier à mes tristes
pensées, je ne m'occupais pas du style,
je ne courais pas après l'esprit et ne
visais pas à l'effet comme la *paria* dans
ses *Pérégrinations*, 'cependant, je ne
pense pas que *l'objection du langage y
dispute au cynisme de la pensée*, et,
si au lieu de citer des membres de phrases
des mots isolés, madame Chazal eut
traité mon mémoire comme je réponds
à sa requête, peut-être y eût-elle renoncé
parce qu'elle eût été forcée de s'appliquer au moins mentalement ce qu'elle
incrimine. Honte et mépris sur elle !

» puisât cet or à une source impure....,
» Oui, cet or, le prix de son déshonneur,
» ses adultères complaisances le lui ont
» acquis, et l'infâme qui fait consister
» tout son bonheur dans la possession
» des richesses, souriait en accumulant
» sans s'inquiéter si son trésor n'était
» pas couvert de boue !... Aucun sen-
» timent humain ne venait remuer son
» âme, son cœur ne se soulevait pas,
» elle ne rougissait pas ; car la honte
» était bannie de son cœur depuis sa fuite
» du toit conjugal, les liens moraux,
» les liens sociaux, les liens conjugaux,
» elle a tout brisé, et, femme sans pu-
» deur, elle a, sans honte, sans remords,
» compromis tout l'avenir de l'homme
» qui lui a donné son nom, de l'homme
» qui l'a retirée de la misère... Honte
» et mépris sur elle !!!

« C'en est assez, c'en est trop peut-
» être ; quel magistrat, quel homme juste
» et consciencieux pourrait avoir lu de
» telles injures et hésiter encore à pro-
» noncer une séparation nécessaire, in-
» dispensable désormais, une séparation
» sans laquelle la vie ne serait pour la
» dame Chazal qu'un perpétuel supplice,
» qu'une torture de tous les instans. »

« En résumé. » Nulle sympathie n'exis-
» tera jamais, nulle réconciliation n'est
» possible entre elle et l'homme qui l'a
» constamment abreuvée d'outrages. »

« » Cet homme l'a, pendant dix ans,
» abandonnée sans ressources elle et ses
» enfans.

Je suis de l'avis de madame Chazal, je pense comme elle qu'une *séparation de corps est indispensable*, qu'une cohabitation *commune serait un supplice, une torture de tous les instans*, seulement je désire qu'une enquête proclame le nom de celui de nous deux qui a le droit de se plaindre de la calomnie.

J'admets bien volontiers que nulle *réconciliation n'est possible* entre madame Chazal et moi, mais je la défie de prouver que j'aie en le plus léger tort envers elle jusqu'au jour où elle a quitté le toit conjugal, et depuis, c'est toujours elle qui a fait naître les scènes dont elle se plaint.

Madame Chazal se plaint que *pendant dix ans je l'ai abandonnée elle et ses enfans* ; mais pour que j'eusse agi au-

trement, il aurait fallu que j'eusse connu les lieux qu'elle habitait et dès que l'ai en su, j'ai, par mes actions, prouvé que si je dédaignais la mère, je tenais prodigieusement à mes enfans, et consentais a fournir à leurs besoins. (Voir les lettres réunies sous la lettre G.)

« 3° Il ne tenait pas à elle, il était »tout prêt non seulement, à consentir, »mais à provoquer même par les moyens »les plus violens, une séparation ou un »divorce s'il devenait possible. »

Oui; tels étaient alors mes sentimens parce qu'à cette époque madame Chazal ne m'avait pas fait jeter dans les fers, et que je pouvais me contenter de la mépriser sans vouloir qu'il restât une preuve irrécusable de la différence de notre moralité.

«Cet abandon, ce mépris de sa femme, »il ne le niera pas; car il les a signés de »sa propre main.

J'ai dit plus haut les causes de l'abandon forcé que j'ai fait de mes enfans.

« 4° En 1832, le 2 avril, au retour »d'un voyage à Arpajon, publiquement, »dans la cour de la maison sise à Paris, »rue des Fossés Saint-Germain l'Au-»xerrois, n. 8, en descendant de la voi-»ture publique, il se porta, sur l'expo-»sante, aux voies de fait les plus inexcu-»sables, la jeta violemment à la renverse, »contre une borne, et la fit traîner »comme une criminelle chez le com-»missaire de police du quartier. »

J'ai expliqué pages 12 et 13 la scène dont se plaint ici madame Chazal; j'ajouterai seulement que je voulais alors ce que je voudrai toute ma vie; c'est que mes enfans soient soustraits à l'influence de leur mère, qu'ils soient préparés par leur éducation à vivre honorablement selon leur position sociale, et non pas au ridicule rôle de *paria*.

« 5° Le 1er novembre, à Versailles, »il la fit arrêter et conduire dans un »corps-de-garde; là, en présence de »vingt gardes nationaux, il lui prodigua »les plus outrageantes imputations, l'ac-»cusa d'avoir trahi la foi conjugale et »de se livrer au vagabondage, au déré-»glement. »

Quel est le coupable de M. Chazal, conduisant sa fille chez l'oncle de sa femme, ou de madame Chazal assez hardie pour affirmer qu'elle ne connait ni son mari ni son oncle? Quel nom mérite la femme assez effrontée pour faire maltraiter son mari afin de lui échapper? Au reste, cette scène que j'ai rapportée pages 19 et 20 et dont je repro-

duirai les preuves, démontrera avec quelle impudence madame Chazal sait mentir, et jusqu'à quel point elle est indigne de toute confiance.

« 6° Le 13 mai 1837, il fait plaider
» contre elle, à l'audience de la cour
» royale, de ces imputations calom-
» nieuses, impardonnables, qu'un homme
» peut-être eût voulu laver dans le sang
» de l'offenseur, mais qu'il savait, lui
» et celui qu'il avait rendu confident de
» ses plus intimes pensées, pouvoir jeter
» impunément à la face d'une femme
» sans défense. Cette femme, il l'accuse
» et d'intrigue, et de vagabondage, et
» d'adultère. Ces paroles ont été dic-
» tées par lui ; il ne les désavoue pas ;
» mis en demeure, il en accepte sans
» hésiter la responsabilité toute entière :
la presse reproduit ces diffamations, il
» y persiste, et s'en fait gloire. »

Dans ces lignes, madame Chazal prétend que je me fais gloire des diffamations que j'ai déversées sur sa tête ; elle se trompe. Je souffrais alors, je souffre encore, et je manifestais hautement et simplement ma pensée.

« 7° Dans un libelle distribué dans
» le cours de juillet 1837, signé de lui
» et distribué à profusion, il trouve
» moyen de renchérir encore sur les
» présentes diffamations. Les épithètes les
» plus flétrissantes, les accusations sont
» prodiguées à chaque page, à chaque
» ligne. Elle est accusée d'inconduite,
» de turpitude, de déshonneur, d'adul-
» tère ; elle est une femme flétrie, une
» femme sans honneur, sans pudeur,
» sans cœur, une infâme. Ce libelle n'a
» pas été tracé pour le besoin d'une
» défense ; car il résulte de l'annotation
» autographe qui le termine, que c'est
» après l'arrêt de non-lieu et lorsqu'il
» a été rendu à la liberté que le sieur
» Chazal la livré à la publicité. Ce n'est

Je ne dirai plus rien de mon *libelle* ni de la *distribution* que *j'en ai faite avec profusion*. On sait que cette assertion est fausse, puisque je ne l'ai fait tirer qu'à trente-cinq exemplaires. Enfin lorsque, j'ai été si lâchement accusé, lorsque pour échapper au sort qu'on m'avait préparé, j'ai été obligé d'arracher des voiles que je dédaignais de soulever depuis si long-temps, je n'ai rien écrit qui puisse approcher de cette phrase : *lui qui ne doit peut-être qu'à d'actives et pressantes sollicitations la liberté qui lui a été rendue, qui, peut-être aussi ne la doit qu'à l'horreur qu'inspire le crime qui lui a été reproché, ce crime auquel des consciences pures ont peine à croire, parce qu'il révolte*

»pas seulement an juge d'instruction, »à MM. les magistrats de la chambre »du conseil ou de celle des mises en » accusation qu'il l'adresse, c'est à toutes » les personnes qu'il connaît et que con- »naît madame Chazal, à leurs amis, à »M. Tancra, à M. Leblond et autres » qu'il envoie cette dégoûtante diatribe, » lui qui avait déjà été stygmatisé à la »chambre du conseil, lui qui ne doit »peut-être qu'à d'actives, à de pressan- »tes sollicitations la liberté qui lui a »été rendue; qui peut-être aussi la doit »en partie à l'horreur qu'inspire le » crime qui lui a été reproché; ce crime » auquel des consciences pures ont peine »à croire, parce qu'il révolte la nature.»

«Dans ces circonstances, l'exposante »requiert qu'il vous plaise, monsieur le »président, vu la présente requête et » les pièces à l'appui, les articles 231, »306 et 307 du code civil, 872 et sui- »vans du Code de procédure civile, lui »donner acte des faits qu'elle articule, »et de l'offre qu'elle fait de prouver par »toutes les voies de droit, pour parvenir »à la séparation de corps. Ce faisant, »l'autoriser à faire citer le sieur Cha- »zal à comparaître devant vous, aux »lieux, jour et heure qu'il vous plaira » de lui indiquer, pour être entendu con- »tradictoirement avec l'exposante sur la »susdite demande en séparation de »corps. En cas de non-conciliation, »autoriser la dame Chazal à former sa »demande en séparation de corps, et à »rester en jugement jusqu'à décision dé- »finitive. Et, statuant par voie de me- »sure provisoire, l'autoriser à continuer »d'habiter comme elle fait depuis deux

la nature.» Cette phrase est le résumé des calomnies, des diffamations de madame Chazal, et sa forme dubitative ne diminue la gravité de l'injure, ni pour moi, ni pour les magistrats, qui, cédant à telles ou telles considérations, eussent prévariqué; cependant, je ne prends pas acte de cette imputation, pour demander notre séparation de corps sans enquête, ainsi que le fait à tout propos, et hors de propos, ma- dame Chazal.

Il est inutile d'observer qu'une ré- conciliation ne s'était pas opérée entre moi et madame Chazal, lors de notre comparution devant M. le Président du tribunal civil de la Seine, l'instance dut commencer. Ce magistrat, sur mes observations, et contrairement à la re- quête de madame Chazal, ordonna que nos enfans resteraient sous la surveil- lance et chez leur aïeule madame Tris- tan, à Belair. Depuis, la dame Chazal a jugé convenable de manifester son mépris pour l'autorité en enlevant sa fille. Ce dernier trait achève de peindre madame Chazal, et montre que pour elle rien n'est sacré.

» années l'appartement loué par la dame
» Tristan sa mère, rue du Bac, 100 *bis*,
» et à conserver provisoisement avec
» elle ses deux enfans et vous ferez justice. »

Sur ma demande reconventionnelle, la dame Chazal a répondu, le
31 janvier, par une seconde requête qui, à quelques nouveaux mensonges près, est la répétition de celle que j'ai la confiance d'avoir suffisamment réfutée : c'est pourquoi je ne ferai pas, à cette élucubration
de madame Chazal (car je ne pense pas qu'un tel fatras puisse avoir
été rédigé même par le dernier clerc d'une étude), je ne ferai pas,
dis-je, l'honneur d'une réponse sérieuse qui ne serait que la répétition
du travail qui précède; je citerai simplement les contradictions mani-
festes et les mensonge de l'*Etre de vérité*.

<table>
<tr><td>1re REQUÊTE.</td><td>2me REQUÊTE.</td></tr>
</table>

1re REQUÊTE.	2me REQUÊTE.
» Ayant appris que le sieur Chazal » avait, un dimanche, conduit sa fille à » Versailles, elle se rendit dans cette » ville, et seule, forte de son dévouement » maternel, animée d'une inébranlable » volonté, elle va dans la maison où était » sa fille, la prend par les mains et veut » l'emmener; le sieur Chazal s'y oppose, » de là, lutte acharnée; arrivée de la » force armée. »	« A force de recherches, elle décou- » vrit que sa fille était dans un pen- » sionnat de Versailles. Aussitôt, elle » court dans cette ville, se rend au pen- » sionnat indiqué, demande Aline.... » Hélas! M. Chazal, qui avait découvert » sa démarche, l'avait suivie. A la sortie » du pensionnat, il engage une lutte » odieuse avec sa femme, et se livre à des » excès qui nécessitent l'intervention de » la force armée.... »

J'ai expliqué pages 19 et 20, comment la scène de Versailles s'est passée.
Je ne répéterai pas ces détails, que je supplie mes juges de relire; seulement je me permettrai de leur demander encore quelle confiance
mérite madame Chazal dans les choses qu'elle avance sans preuves,
elle qui ment si effrontément et allègue des faits dont je prouve maté-
riellement la fausseté? En effet, dans l'une ou l'autre de ses requêtes,
elle a *menti*, et, je le proclame hautement, elle a *menti* dans toutes les
deux.

48

«A cette occasion (l'appel par le sieur
» Chazal du jugement du 30 septembre),
» l'avocat du sieur Chazal se permit des
» imputations calomnieuses et diffama-
» toires; mais la Cour royale en a fait
» justice, puisqu'elle a débouté le sieur
» Chazal de son appel. »

Il me semble qu'il faut toute la pers-
picacité de la *Paria* française pour trouver un rapport entre les sévères *vérités*
proclamées hautement par Me J. Favre,
vérités qui, qualifiées d'*imputations
calomnieuses et de diffamations* par
M. Chazal, ont été innocentées par la
Cour royale puisqu'elle a refusé de
faire droit aux conclusions de son avoué,
et la confirmation d'un jugement entièrement étranger à ces mêmes vérités.
(Voir la pages 32, 33 et 34)

» M. Chazal a besoin de dénaturer
» les faits, pour donner à sa demande
» quelqu'apparence de justice. Mais,
» messieurs, vous ne vous en laisserez
» pas imposer par ses mensonges, vous
» qui connaissez les faits véritables; ce-
» pendant, si, par ses fausses alléga-
» tions, le sieur Chazal avait réussi à
» introduire quelque doute dans votre
» esprit, madame Chazal est prête à
» vous donner toutes les explications
» que vous pourrez désirer, car elle est
» persuadée qu'en combattant les argu-
» mens du sieur Chazal, elle prouvera en
» même temps l'opportunité et la né-
» cessité de la séparation de corps qu'elle
» vous demande. »

Madame Chazal *est prête à donner
toutes les explications que le tribunal
pourra désirer, car elle est persuadée
qu'en combattant les argumens du
sieur Chazal elle prouvera en même
temps l'opportunité et la nécessité de
la séparation de corps qu'elle demande.*
Si telle est réellement l'intention de
madame Chazal, qu'elle consente donc
purement et simplement à l'enquête que
je demande. En effet, elle prétend que
je mens; j'affirme qu'elle ne dit pas *un
mot de vérité*, de ces assertions contra-
dictoires il doit résulter pour le tribunal le besoin de s'éclairer, et puisque
madame Chazal semble *daigner consentir* à donner des explications, et que
de mon côté je désire une enquête de
toutes les forces de mon âme, j'ose espérer que le tribunal l'ordonnera.

Plus loin, madame Chazal croit échapper à mes assertions en prenant un ton ironique et plaisant que ne comportent pas nos tristes et
scandaleux débats. Je ne suivrai pas son exemple, je les traiterai sérieu-
sement; je ne me contenterai pas de répondre comme elle par *une dé-
négation formelle*, et je donnerai toujours la preuve écrite ou testimo-
niale de ce que j'aurai avancé.

49

« Assez, assez sur ce sujet, dès que
» des soupçons odieux peuvent encore
» vous atteindre, taisez-vous, M. Cha-
» zal, taisez-vous, de peur qu'en exami-
» nant plus profondément, on ne trouve
» des preuves cachées jusqu'alors. »

Malgré le mépris que doivent m'inspirer les perfides insinuations de madame
Chazal, je lui en demanderai un compte
sévère, dès que le tribunal aura prononcé sur notre séparation de corps.
En attendant, je la défie de trouver non
pas *une preuve restée cachée* jusqu'à
présent, mais la plus légère indication.

Quelques lignes plus bas et à l'occasion de la suppression que je demande des *Pérégrinations de la Paria*, madame Chazal répond :

« Est-ce donc diffamer que de dire la
» vérité? s'il en est ainsi, oui mad. Chazal
» a diffamé ; mais dans quel abîme d'er-
» reurs entraînerait ce précepte ? Quoi ?
» en publiant qu'elle ne ressentait ni
» affection ni estime pour son mari;
» qu'elle ne l'aimait pas et qu'elle ne
» l'aimerait jamais; qu'elle avait été
» forcée de l'épouser, la dame Chazal
» aurait injurié son mari? mais cet
» homme ne sait donc pas que pour
» qu'une femme estime son mari, il faut
» qu'il soit probe, honnête et aimable ;
» il ne sait donc pas qu'il a fait de nom-
» breuses dupes à Paris et en province;
» que ses méfaits l'ont obligé à aban-
» donner son nom; qu'il a délaissé sa
» femme pendant douze années sans
» donner aucun signe d'amitié ou de
» repentir du malheur dont il l'avait
» accablée? quoi! en exhalant ses maux,
» qu'elle avait si long-temps cachés dans
» son sein, madame Chazal a calomnié
» l'homme qui n'a pas craint de l'accu-
» ser de déportement et de vagabondage;
» elle qui, vous le savez, messieurs, fut
» toujours si résignée et eut sans cesse
» à souffrir des violences et des bruta-
» lités inouïes de cette homme! quoi!

Mad. Chazal dit que j'ai *fait de nombreuses dupes à Paris et en province;*
que *mes méfaits m'ont obligé d'aban-
donner mon nom ; que des preuves res-
tées cachées peuvent encore m'atteindre,*
et ces allégations mensongères, ces calomnies sont terminées par ces mots:
« *qu'il s'apprécie s'il l'ose!* » Oui, je
l'ose, m'apprécier; oui; j'ose apprécier
celle qui me calomnie et qui, craignant
le grand jour de la vérité, repousse
aussi vivement une enquête que je l'appelle de tous mes vœux; cependant,
si elle ne craignait rien, si elle était
certaine de prouver ce qu'elle avance,
elle se joindrait à moi pour demander
que la vérité soit manifestée et le calomniateur confondu.

» lorsque les journaux ont reproduit les
» accusations diffamatoires et calom-
» nieuses du sieur Chazal contre sa
» femme, celle-ci aurait dû rester muette,
» ne point répondre à ces calomnies par
» par une exposition simple et véritable
» des événemens! et ce récit pénible,
» le sieur Chazal le prend pour une ac-
» cusation dirigée contre lui! car à
» chaque instant, il y joue un rôle hon-
» teusement vrai. Est-ce sa femme qu'il
» doit accuser? elle est vraie; voilà
» tout. Quant à lui, qu'il s'apprécie s'il
» l'ose. »

« ... Il (le sieur Chazal) reconnaît ses
» torts, il se rend enfin justice; il ne nie
» la véracité d'aucun des faits au moyen
» desquels la dame Chazal a l'assurance
» d'obtenir sa séparation de corps d'un
» homme qui l'a tant et si cruellement
» outragée. »

Cette phrase est un mensonge. Non je ne *reconnais pas mes torts*, parce que je n'en ai aucun; *je nie la véracité des faits allégués* par madame Chazal, et, si l'un de nous a été *cruellement outragé* sans l'avoir mérité, ce n'est certes pas elle !

« ... Un homme qui a de pareils soup-
» çons sur la probité de sa femme, cher-
» che-t-il à la faire rentrer au domicile
» conjugal comme l'a fait le sieur Cha-
» zal? »

Je crois que madame Chazal s'est trompée de mot et a mis *probité* pour *moralité*; car je n'ai jamais soupçonné sa probité; tant qu'à sa *moralité*, elle sait depuis long-temps ce que j'en pense. Elle est également dans l'erreur lorsqu'elle dit que j'ai cherché à *la faire rentrer au domicile conjugal* ; j'ai voulu, je voudrai toute ma vie mes enfans, mais je n'attacherai jamais le moindre prix à leur mère.

« ..... Messieurs, si cette pauvre
» mère ne réussit pas dans son dessein
» de transmettre à ses enfans une for-
» tune considérable, il faut que vous
» l'aidiez à leur léguer une réputation
» sans tache. »

Si madame Chazal tient réellement à *léguer à nos enfans une réputation sans tache*, qu'elle fasse comme moi, qu'elle demande une enquête, puisque ce moyen est le seul qui puisse prouver qui d'elle ou de moi est le calomniateur.

51

Je ne répondrai pas aux nombreux *attendu* de la dame Chazal, parce qu'ils ne sont que la répétition de sa première requéte, et que j'ai démontré précédemment combien sa vérité était trahie dans cette pièce ; cependant, comme elle insiste sur ma *profonde immoralité* et sur ce que j'ai fait coucher momentanément mes enfans avec moi, *fait qui s'il n'a pour excuse une profonde détresse, un complet dénûment, révèle un dédain complet de la décence et des bonnes mœurs, et qui est suffisant pour faire faire des conjectures que l'arrêt rendu par la chambre d'accusation de la Cour royale n'a pu totalement écarter* ; je répéterai que mes mœurs sont pures et que je défie mes ennemis patens ou cachés de citer une seule de mes actions que la morale la plus sévère ne puisse avouer ; quant à la perfide insinuation relative à l'arrêt de la Cour royale, je la méprise, malgré qu'elle me fasse regretter vivement que ce même arrêt m'ait empéché de paraître devant le jury, parce que là, **mes lâches ennemis** eussent été confondus et mon innocence proclamée. Au reste, ce verdict eût probablement été suspect à madame Chazal, qui aurait dit des jurés comme des juges de la Cour royale, qu'ils s'étaient laissés séduire par d'*actives et pressantes sollicitations.* Après d'aussi atroces imputations, madame Chazal a-t-elle le droit de crier à la calomnie?

« ..... Que le sieur Chazal en effet » n'ignore pas que la demanderesse est » fille d'un homme dont la haute naissance et la fortune considérable sont » au Pérou comme dans le continent de » notoriété publique : le colonel don » Marcoso de Tristan, dont le frère don » Pio de Tristan jouissant à Aréquipa » de la plus haute influence, plusieurs » fois investi par ses concitoyens des » plus hautes fonctions civiles et militaires, avait recueilli à lui seul le patrimoine entier laissé par les auteurs » communs. Qu'assurément dans une » telle position, il était bien donné à la » dame Chazal, que soit la justice soit » même la sympathie de ses riches et » puissans parens, lui ferait une part

Je ne trouve certes pas mauvais que madame Chazal soit allé solliciter de *la justice* ou de *la sympathie de ses riches et puissans parens* (dont elle dit passablement de mal dans ses *Pérégrinations*) *une part convenable de leur immense fortune* ; mais, si lorsque je l'ai épousée, elle se fut énorgueillie de son *grand-père* le cacique Montezuma ; si dès lors elle eut compté sur l'héritage de parens dont l'Europe et l'Amérique connaissent *la haute naissance et la grande fortune*, j'eusse laissé la bâtarde du colonel don Moscoso de Tristan ; la nièce de don Pio de Tristan, si honoré et si puissant à Aréquipa, je l'eusse laissée, dis-je, dans son grenier ; car, simple artiste, je

» convenable dans cette immense for-
» tune. »

» Que si cette femme (madame Chazal) n'eût pas été forte de ses intentions
» pures et de sa conduite irréprochable
» elle n'eut pas livré à la publicité cette
» vie que le sieur Chazal lui-même a faite
» errante et aventureuse. »

» Si la demanderesse, considérant
» comme la plus affreuse calamité pour
» elle, une réunion avec l'homme qu'elle
» regarde comme l'auteur de tous ses
» maux, a voulu prévenir par tous les
» moyens en son pouvoir, cette réunion
» dont il la menaçait incessamment,
» pour extorquer des sacrifices qu'il la
» supposait en état de s'imposer, si,
» forcée qu'elle était, pour arriver à ce
» but, d'opter entre une résidence dans
» une maison garnie, ou un logement
» loué ostensiblement à des tiers.... »

« Si encore il a fallu à la dame Cha-

pouvais bien épouser la bâtarde d'un
péruvien qui alors était vertueuse, mais
je ne l'eusse pas fait, si Flora Tristan
m'eût laissé entrevoir qu'elle croyait se
mésallier.

Il est aussi vrai que c'est moi qui ai
fait *errante et aventureuse* la vie de
madame Chazal, qu'il l'est que Voltaire
et Rousseau sont causes du mal arrivé
depuis soixante ans. Et puis ces *intentions si pures, cette conduite irréprochable*, à laquelle je pourrais reprocher
bien des choses, cette *vie livrée à la
publicité*, n'offre qu'une période de
deux ans ! Madame Chazal voudrait-elle
indiquer avec vérité ce qu'elle a fait
dans les lieux publics où elle a logé depuis sa sortie du toit conjugal; car j'affirme qu'elle n'a jamais habité avec sa
mère ? Voudrait-elle dire aussi comment
elle fournissait à ses besoins ? comment
elle a pu emprunter 35,000 fr. ? Quelle
garantie , quelle hypothèque elle a données ? hélas !...

Pour excuser sa conduite furtive,
madame Chazal prétend qu'elle craignait
que je ne la forçasse à se *réunir à moi,*
que je lui *extorquais des sacrifices ;* ce
sont des mensonges. Elle sait et je
pourrais le prouver, que depuis qu'elle
m'a quitté, je n'ai jamais songé qu'à mes
enfans, et qu'il m'importait peu qu'elle
habitât des *maisons garnies* ou des *lo-
gemens loués ostensiblement à des
tiers.*

D'après ce long morceau, il sem-

» zal pour se ressaisir de sa fille qui lui
» avait été ravie par force, et dont elle
» croyait avec raison le séjour auprès de
» son mari dangereux, s'exposer aux
» avanies dont elle a été accablée à Ver-
» sailles, le 1er novembre 1835, et s'y
» exposer avec certitude ; qu'il faut re-
» connaître qu'elle agissait sous l'empire
» d'une conviction bien profonde, d'un
» sentiment bien vrai, bien sincère,
» puisque tant d'autres, à sa place,
» eussent reculés devant la seule idée
» d'être traînée en compal.le dans un
» corps-de-garde, et traduite devant un
» commissaire de police, devant un juge
» d'instruction, dans une ville où elle ne
» pouvait élever la voix, ni produire un
» témoignage en sa faveur. Que si dans
» l'espoir d'emmener sa fille, elle avait
» été réellement comme l'articule le
» sieur Chazal, jusqu'à nier son identité,
» jusqu'à le méconnaître, lorsque le
» sieur Chazal pouvait aisément se faire
» reconnaître, soit par la production de
» l'acte de célébration de mariage, soit
» même par le témoignage du sieur Lais-
» ney, oncle de la demanderesse, qui
» a fourni en toute occasion au sieur
» Chazal un si chaleureux appui, il
» faudrait encore reconnaître là ce sen-
» timent de répulsion qui est réciproque-
» ment partagé, et qu'il en faudrait
» seulement conclure, comme l'a fait le
» sieur Chazal, que la vie commune
» est réciproquement intolérable. »

blerait que la dame Chazal est partie de
Paris, ayant la prévision que sa folle résistance la ferait conduire au corps-de-
garde, chez le commissaire de police et le
juge d'instruction. Elle prétend donner,
par cet apparent courage, la mesure de
son dévouement pour sa fille, tandis qu'il
n'est réellement que la preuve de l'audace d'une femme qui ne connait pas de
frein ; elle nie m'avoir méconnu, parce
que rien ne m'aurait été plus facile que
de faire intervenir son oncle, M. Laisney,
dont *le chaleureux appui ne m'a pas
manqué en toute occasion*. A tout ce ver-
biage, je répondrai : Vous m'avez méconnu, vous avez méconnu votre oncle, et
c'est ce dernier fait qui a motivé votre arrestation à Versailles ; de plus il existe une
lettre écrite par vous au commissaire de
police de Versailles, et dans laquelle vous
expliquez le motif de votre conduite. En
présence de cette preuve, preuve émanée
de vous-même, oserez-vous encore mentir effrontément ?

Ce qui précède est consacré à la réfutation des requêtes de madame
Chazal : ce qui suit prouvera que ce n'est pas seulement dans les pièces
destinées au palais, pièces dont les magistrats font justice, que j'ai été
été calomnié. Fidèle à la modération que je me suis imposée, je pren-
drai mes preuves dans l'ouvrage de madame Chazal, intitulé : *Peregri-*

nations d'une Paria, dont j'ai demandé la suppression, et je citerai textuellement. Ce ne sera donc pas moi, mais l'ouvrage de madame Chazal, qui prouvera jusqu'à l'évidence qu'elle ne possède aucune des vertus qui font estimer la *fille*, l'*Épouse*, la *parente*, ou la *femme du monde* ; que pour elle, les *liens de famille*, les *devoirs de la société* et les *principes de la religion* sont de vains obstacles dont elle s'affranchit avec une audace heureusement fort rare, audace qu'elle ne rachète même pas par le talent qui, quelquefois, sert d'excuse à l'erreur.

L'ouvrage de madame Chazal semble être écrit d'après des idées religieuses bien arrêtées et être placé sous les auspices de la religion romaine, car son frontispice est décoré d'une épigraphe ainsi conçue :

«Car, je vous le dis en vérité, si vous aviez de la foi gros comme un grain de » sénevé, vous diriez à cette montagne : Transporte-toi d'ici là, et elle s'y trans- » porterait, et rien ne vous serait impossible. St-Math., ch. 12, v. 17.» (*Préface*, page 13, tome 1.)

Ce livre est encore l'expression de la vérité, s'il faut s'en rapporter aux lignes tirées du morceau qu'on pourrait nommer préface ou introduction.

«En entrant dans la route nouvelle que je viens de tracer, je remplis la mis- » sion qui m'a été donnée, j'obéis à ma conscience ; des haines pourront se sou- » lever contre moi ; mais, *être de foi* avant tout, aucune considération ne pourra » m'empêcher de dire la vérité sur les personnes et sur les choses.» (*Préface*, page 54, tome 1.)

L'épigraphe est certainement la garantie des principes religieux de madame Chazal, et le substantif *être de foi* qu'elle a créé exprime indubitablement *celui qui professe le culte de la vérité et qui pour rien au monde ne consent à la trahir*. S'il en était autrement, on serait forcé le conclure que madame Chazal a mis à la tête de son ouvrage un *écrit sacré*, afin de se dispenser de principes religieux ou moraux, et qu'elle se dit *être de foi*, afin de médire ou calomnier sans cesse. Au reste, ces conjectures vont être démenties ou prouvées par madame Chazal, qui, d'après ses idées pieuses, a dû cruellement souffrir lorsqu'elle a pu juger que ,

«Il y a la même distance des comédies burlesques qu'offrent les églises d'Aré·

»quipa pendant la semaine sainte, de la musique barbare qu'on y entend, des
»misérables croûtes, des sauvages ornemens dont elles sont décorées; aux ma-
»jestueuses cérémonies, à la ravissante musique, aux magnifiques productions
»des arts, à tous ces brillans et poétiques prestiges avec lesquels *Rome soutient
»encore sa religion vermoulue.* » (Page 568, t. 1er.)

tandis que ,

»En Europe, les beaux-arts couvrent au moins d'un brillant vernis l'insipide
»stérilité des cérémonies religieuses. » (Page 366, tome 1er.)

Aussi, jugeant les mœurs des Péruviens, elle nous dit que ,

»Les partitions de nos opéras se chantent dans les salons ; on est venu jusqu'à
»lire des romans ; encore quelque temps, et ils (les Péruviens) n'iront à la messe
»que lorsqu'on y fera entendre de la bonne musique. » (Page 570, tome 1er.)

Enfin, malgré l'épigraphe de made. Chazal, je la crois peu éloignée
d'une grande indifférence sur la religion romaine, puisqu'elle écrit que :

»A cette époque (lors du séjour de madame Chazal à Aréquipa) , sans croire
»au catholicisme, je croyais à l'existence du mal ; je n'avais pas compris Dieu ,
»sa toute-puissance, son amour infini pour les êtres qu'il crée ; mes yeux ne
»s'étaient pas encore ouverts. » (Page 103, tome 2e.)

Je suis fâché que l'*Être de foi* qui a écrit tant de choses diffuses et
inutiles, n'ait pas dit l'époque à laquelle ses *yeux se sont ouverts* et surtout la cause transcendante qui a développé sa haute intelligence !

Jusqu'à présent, madame Chazal a exprimé ses principes religieux.

Écoutons-la, et voyons ce qu'elle pense du mariage qui est à la fois
la base de la société et de la famille :

»J'entends des gens confortablement établis dans leur ménage, où ils vivent
»heureux et honorés, se récrier sur les conséquences de la bigamie, et appeler
»le mépris et la honte sur l'individu qui s'en rend coupable. Mais qui fait le
»crime, si ce n'est l'absurde loi qui établit l'indissolubilité du mariage? Som-
»nous donc tous semblables dans nos affections, nos penchans, lorsque nos
»personnes sont si diverses, pour que les promesses du cœur, volontaires ou for-
»cées, soient assimilées aux contrats qui ont la propriété pour objet? Dieu, qui
»a mis dans le sein de ses créatures des sympathies et des antipathies, en a-t-il

»condamné aucune à l'esclavage ou à la stérilité? L'esclave fugitif est-il cri-
»minel à ses yeux? Le devient-il lorsqu'il suit les impressions de son cœur, la loi
»de sa création?... » (Pages 155 et 156, tome 1er).

Suivons-la dans la manifestation de son respect filial, et voyons comment elle comprend les convenances sociales. D'abord elle commence par apprendre à ses lecteurs que sa mère s'est mariée clandestinement, c'est-à-dire, ne s'est pas réellement mariée ; que son père a habité plusieurs années la France, et qu'il y est mort sans avoir régularisé l'état civil de ses enfans, soit par un mariage légal, soit par des dispositions testamentaires ; puis elle ajoute :

»Mon frère étant mort, nous revînmes à Paris, où ma mère *m'obligea* d'é-
»pouser un homme que je ne pouvais ni aimer ni estimer. A cette union je dois
»tous mes maux ; mais comme depuis ma mère n'a cessé de m'en montrer le
»plus vif chagrin, je lui ai pardonné. » (*Avant-propos*, page 56, tome 1er.)

Sa mère *l'obligea d'épouser un homme qu'elle ne pouvait ni aimer ni estimer*, et dont elle recevait depuis long-temps les secours ; cependant, on doit admirer la bonté d'âme de la *Paria*, puisque, malgré cette volonté, cette contrainte, cette violence à laquelle elle a été obligée de céder , elle a daigné pardonner à sa mère, et je ne doute pas que madame Tristan ne soit excessivement reconnaissante de la débonnaireté de son intéressante fille.

Après avoir couru la prétantaine pendant huit ans, la *Paria* arrive à Bordeaux ; elle descend chez M. de Goyenéche, cousin de son père ; elle en est parfaitement reçue ; aussi son âme noble éprouve-t-elle le besoin de reconnaître une hospitalité de deux mois et demi, en traçant le portrait de ce généreux parent.

« M. de Goyenéche est religieux à ne pas manquer un seul jour d'aller à la
»messe ; ponctuel dans l'accomplissement de tous les devoirs que la religion im-
»pose ; Dieu, qu'il fait constamment intervenir dans ses propos, doit être dans
»ses pensées ; il est riche, et mon parent d'aussi près pourrait-il se refuser à
»nous prendre, moi et ma fille sous sa protection? Oh ! non, pensais-je, il ne
»saurait me repousser ; il est sans enfant ; je suis celle que Dieu lui envoie ;
»aujourd'hui, ce matin même, je lui confierai tous mes chagrins, lui raconterai
»le martyre de ma vie, et le supplierai de nous garder..... Mais le matin, lorsque
»j'arrivais chez le vieillard, le cœur palpitant d'émotion, dès les premiers mots

» qu'il m'adressait : j'étais frappée de l'expression sèche et égoïste du vieux gar-
» çon, de l'homme riche et avare, qui ne pense qu'à lui, se fait le centre de toutes
» choses, amassant toujours pour un avenir qu'il n'atteindra pas : cette expres-
» sion de sécheresse me glaçait, je restai muette et désirais ardemment être loin en
» mer. » (Avant-propos, p. 44, t. 1.)

En 1829, la *Paria* écrit à son oncle une lettre expliquant parfaitement sa position. Don Pio de Tristan, qui entend parler de la fille de
son frère pour la première fois, lui fait léguer 3,000 piastres fortes
(15,000 fr.) par sa mère, sous le nom de *Florita*, parce qu'il ne sait
pas si la *Paria* est réellement ce qu'elle prétend être. Plus tard, malgré
qu'il ne possède pas toute la fortune de don Moscoso de Tristan, et qu'il
eût pour lui l'autorité des lois, il donne à sa nièce, une pension alimentaire de 2,500 fr. Cependant, comme il a trompé les espérances
de la *Paria*, elle se plaint vivement de lui; la haine qu'elle avoue ressen-
tir est exhalée dans des passages trop multipliés, pour que je puisse les
reproduire ici; seulement, après avoir parlé de sa réputation politique
et militaire, elle dit :

« Les brillantes qualités de don Pio de Tristan sont obscurcies par une pas-
» sion prééminente, rivale de l'ambition que celle-ci n'a pu dompter; l'avarice lui
» fait commettre les actes les plus durs, et ses efforts pour cacher une passion
» qui le dépare, le font agir quelquefois d'une manière généreuse. » (Page 5,
tom. 2.)

La femme de don Pio de Tristan témoigne de l'amitié à la *Paria*,
paraît désirer obtenir la sienne; pendant plus de six mois, elle fait tout
ce qui dépend d'elle pour lui rendre agréable le séjour d'Aréquipa;
aussi sa véridique et reconnaissante nièce, craignant que le lecteur ne
juge favorablement dona de Tristan, le prévient que :

« Ma tante Joacquina fait un grand étalage de religion; elle observe toutes le
» pratiques superstitieuses du catholicisme, avec une ponctualité bien fatigante
» pour ceux qui l'entourent; mais il faut se concilier la faveur du clergé, la vé-
» nération de la foule bigote; et, dans l'intérêt de son ambition, rien n'est pénible
» à ma tante : elle cajole les pauvres par de douces paroles, mais ne soulage pas
» leur misère, comme son immense fortune lui permettrait si bien de le faire; la
» religion ne la pousse à aucun dévouement, à aucun sacrifice; pour elle c'est
» un instrument au service de ses passions; un moyen d'étouffer le remord; avare

»plus que son mari, Joacquina commet des actes d'une révoltante dureté ; son
»égoïsme paralyse en elle tout mouvement généreux; sous des apparences d'hu-
»milité, elle cache un orgueil et une ambition sans mesure : elle aime le monde
»et toutes ses pompes, le jeu avec fureur, la bonne chère avec sensualité ; elle
»gâte ses enfans afin de n'en pas être importunée; aussi sont-ils très-mal élevés. »
(Page 6, tom. 2.)

Après avoir peint sa famille, il était simple que les crayons de la
Paria s'exerçassent sur son mari, et certes, il y aurait de ma part une
exigence insatiable, si je n'étais pas content du portrait qu'elle fait de
moi. Elle commence par dire :

« Ma mère *m'obligea d'épouser un homme* (M. André Chazal, jeune graveur
»en taille-douce, et frère de M.-A. Chazal, professeur au Jardin des Plantes.),
»*que je ne pouvais aimer ni estimer.* » (Avant-propos, pag. 36, tom. 1.) = Au
»moment de partir de France, elle nous apprend que » Quitter mon pays que
»j'aimais de prédilection, quitter ma fille qui n'avait que moi pour appui, expo-
»ser ma vie qui m'était à charge, parce que je souffrais, mais qui m'eût apparu
»si belle et radieuse, si j'avais été *libre*, enfin faire tous ces sacrifices, affronter
»tous ces dangers, parce que j'étais liée à *un être vil*, qui me réclamait comme
»son esclave. » (Avant-propos; pag. 44, tom. 1.)

Dans un passage que je citerai plus loin tout entier, où elle retrace
l'amour qu'elle inspire et qu'elle partage; elle nous dit que ,

« Une voix infernale me répétait avec un ricanement affreux, « *Tu es mariée !* »
»C'est à *un être méprisable*, il est vrai; mais enchaînée à lui pour le reste de
»tes jours, tu ne peux te soustraire à son joug; pèse la chaîne qui te fait son
»esclave, et vois, si, plus qu'à Paris, tu peux la rompre. (Tom. 1, page 105.)
»Hélas ! cet amour si pur (celui d'Escudéro), si dévoué, où j'aurais pu trouver
»le bonheur, remplissait mon cœur d'amertume et de désespoir, en me faisant
»sentir dans toute son horreur, *l'indigne mariage* qu'on m'avait forcée de con-
»tracter. » (Tom. 4, pag. 106.)

En 1829, persuadée que sa famille rendrait promptement justice à
son mérite transcendant, la *Paria* lui écrit, et, malgré la réponse seulement polie de don Pio de Tristan, elle nous dit que :

« Dans le dessein à demi formé d'aller me réfugier auprès d'elle, la réponse
»que j'en reçus m'aurait engagée à réaliser immédiatement ce projet, si je n'en

» avais été empêchée par la réflexion désespérante qu'eux aussi allaient re-
» pousser une esclave fugitive, parce que, quelque *méprisable que fût l'être* dont
» elle portait le joug, son devoir était de mourir à la peine, plutôt que de briser
» des fers rivés par la loi. » (Avant-propos, pag. 58, tom. 1.)

Dans un autre passage, dominée par l'ambition, elle prétend que
jusqu'alors elle avait :

« Toujours aspiré à une vie animée par de tendres affections, à une modeste
aisance, et ces souhaits m'étaient interdits, *asservie à un homme*,..... (je l'ai
déjà qualifié), dans un âge, où toute résistance est impuissante. » (Pag. 104,
tom. 2.)

Enfin, voyant une de ses parentes, religieuse fugitive du couvent de
Santa-Rosa, qui, repoussée partout, terminait une conversation dou-
loureuse en s'écriant :

« Oh! damnation! damnation! je serai donc toujours *monja* (religieuse)»
(pag. 281, tom. 2),

la *Paria* se dit tout bas :

Et, moi, toujours mariée !

S'il était encore nécessaire que je motivasse la demande réconven-
tionnelle que j'ai formée contre madame Chazal, les citations suivantes
suffiraient. En effet, après avoir parlé des mobiles qui dirigent les actions humaines, elle conclut par ces mots :

« Dans l'enfance des sociétés, le soin de sa défense absorbe l'attention de
» l'homme; à une époque plus avancée de civilisation, celui de faire sa fortune :
» mais, dans toutes les phases sociales, l'amour est pour la femme, *la passion pi-*
» *votale de toutes ses pensées et le mobile de tous ses actes...* J'en parle d'a-
» près mes propres impressions et ce que j'en ai observé, » (*Préface*, pages 29
et 30, tome I.)

La *Paria*, qui *parle de l'amour d'après ses propres impressions*, sait distinguer l'amour véritable de l'amour simulé ; elle sait que :

» L'amour vrai a langage, son de voix, regards, expression, tout à lui, que
» nul autre ne pourrait imiter; je regardais M. Chabrié et je vis que j'étais réellement
» aimée. Cette découverte produisit sur moi un élan de ravissement; car l'amour
» comme je le comprends, c'est l'esprit de Dieu : à nous mortels attachés à la
» terre, d'adorer la divine apparition : mais à cet élan de gratitude, succéda
» l'horrible désespoir qui naissait de ma position ; moi, m'unir à un être dont je
» me sentais aimée, impossible ! une voix infernale me répétait avec un ricane-
» ment affreux : *Tu es mariée! c'est à un être méprisable, il est vrai*, mais,
» enchaînée à lui pour le reste de tes jours, tu ne peux te soustraire à son joug,
» pèse la chaîne qui te fait son esclave, et vois si plus qu'à Paris tu peux la rom-
» pre. Je crus que mon front allait éclater, j'étais assise sur mon lit, M. Chabrié
» appuyé auprès de moi; j'attirai sa tête sur mes genoux, dans l'intention de lui
» parler, j'allais lui révéler toute la vérité, mes larmes me suffoquèrent, elle tom-
» bèrent en abondance et inondèrent son visage. M. Chabrié ne pouvait me com-
» prendre, il voyait en moi une douleur qui me débordait et sentait en même
» temps que je l'aimais avec la plus sincère affection ; je le priai de me laisser,
» j'étais incapable de contenir mes sanglots, et craignais d'être entendue par
» mes voisins; je le suppliai de m'aimer toujours, tout en le priant de me donner
» deux jours pour me remettre de l'agitation produite par cette conversation.
» D'après l'offre que Chabrié venait de me faire (celle de m'épouser et de recon-
» naître ma fille), je ne pouvais plus douter qu'il ne m'aimât avec sincérité et vé-
» hémence, comme toute ma vie j'avais souhaité l'être. » (Pages 104, 105, et 106,
» tome 1.)

Maintenant ce n'est plus l'amour seul qui conduit la *Paria;* cette
passion pivotale de sa vie, n'est plus pour elle qu'un moyen de satisfaire
son ambition , et le besoin qu'elle a de la célébrité.

« Il fallait supplanter ce dernier (Balvidia, jésuite, et gouverneur civil d'Aré-
» quipa), réunir autour de soi les partisans d'Orbegoso , ce n'était que par la
» puissance du sabre qu'on pouvait réussir dans un pareil projet. J'éprouvais une
» peine excessive d'être forcée d'avoir recours au bras d'un autre, quand je me
» sentais capable d'agir. Je devais m'appliquer à trouver un militaire qui, par
» l'énergie de son caractère, son influence sur les soldats, fût propre à me se-
» conder. *Lui inspirer de l'amour*, développer son ambition et m'en servir pour
» tout entreprendre (pages 106, tome II). « Parmi les militaires qui venaient chez
» mon oncle ou chez Althaus (cousin de Flora Tristan), je n'en avais rencontré
» qu'un seul qui aurait pu répondre à mon attente; et, quoiqu'il fût celui qui
» provoquât le plus ma répugnance, *je n'eusse pas hésité un seul instant à tâ-
» cher de lui inspirer de l'amour*, tant j'étais pénétrée de la sainteté du rôle que

» j'aurais pu remplir; mais il faut croire que Dieu me réservait pour une autre
» mission : cet officier était marié. Quand je fus bien convaincue qu'il ne se
» trouvait pas à Aréquipa un homme qui pût me servir, force me fut d'abandon-
» ner mes projets. Cependant il me restait encore un espoir, et je m'y crampon-
» nai; je résolus d'aller à Lima. » (Page 114, tome II.)

» Je souffrais des malheurs d'un pays que je m'étais habituée à considérer
» comme le mien; le désir de contribuer au bien avait constamment été la pas-
» sion de mon âme, et une carrière active, aventureuse, toujours dans mes goûts.
» Je crus voir que, *si j'inspirais de l'amour à Escudero*, je prendrais sur lui
» une grande influence. Je fus alors tourmentée de nouveau par l'agitation fé-
» brile de mon esprit ; mes combats intérieurs se renouvelèrent; l'idée de m'as-
» socier à cet homme spirituel, audacieux et insouciant, souriait à mon imagina-
» tion ; en courant avec lui les chances de la fortune, que m'importe, me disais-
» je, de ne pas réussir, puisque je n'ai rien à perdre? La voix du devoir eût été
» peut-être impuissante pour me faire résister à cette tentation, la plus forte que
» j'aie éprouvée de ma vie, si une autre considération n'était venue à mon se-
» cours. Je redoutais cette dépravation morale que la jouissance du pouvoir fait
» généralement subir. Je craignis de devenir dure, despote, criminelle même à
» l'égal de ceux qui en étaient en possession. Je tremblais de participer à la
» puissance dans un pays où vivait mon oncle...; mon oncle, que j'avais tendre-
» ment aimé et que j'aimais encore, mais qui m'avait fait tant de mal!.... Je ne
» voulus pas m'exposer à céder à un moment de ressentiment, et je puis dire ici,
» devant Dieu, que je sacrifiai la position qu'il m'était facile de me faire à la
» crainte de traiter mon oncle comme un ennemi.... Le sacrifice était d'autant
» plus grand qu'Escudero me plaisait. Il était laid aux yeux de bien du monde,
» mais pas aux miens. Il pouvait avoir de trente à trente-trois ans, était de moyenne
» taille, très-maigre, avait la peau basanée, les cheveux très-noirs, les yeux
» brillans, langoureux, et les dents comme des perles; son regard tendre, son
» sourire mélancolique donnaient à sa physionomie un caractère d'élévation, de
» poésie qui m'entraînait. Avec cet homme, il me semblait que rien ne m'eût été
» impossible. J'ai l'intime conviction que, devenue sa femme, j'aurais été fort
» heureuse. Dans les tourmentes s'élevant de notre position politique, il m'eût
» chanté une romance ou joué de la guitare avec autant de liberté d'esprit que
» lorsqu'il était étudiant à Salamanque. Il me fallut, encore cette fois, toute ma
» force morale pour ne pas succomber à la séduction de cette perspective... *J'eus*
» *peur de moi*, et je jugeai prudent de me soustraire à ce nouveau danger par la
» fuite. » (Pages 257, 258 et 259, tome II.)

Il ne suffit pas à Flora Tristan, d'avoir montré que chez elle l'amour
est un calcul, elle veut dévoiler son caractère tout entier.

62

« Je pensais, dit-elle, qu'il dépendait de notre volonté de nous façonner pour
» n'importe quelque rôle que ce fût ; j'en avais jusqu'alors éprouvé que les *besoins*
» *du cœur :* l'ambition, la cupidité et autres passions factices, ne s'étaient pré-
» sentées à mon esprit que comme les effervescences de cerveaux malades. J'a-
» vais toujours aspiré à une vie animée par de tendres affections, à une modeste
» aisance, et ces souhaits m'étaient interdits ; asservie à un homme..... (je l'ai
» déjà qualifié) dans un âge où toute résistance est impuissante, née de parens
» dont l'union n'avait pas été enregistrée selon les formes légales, je devais, très-
» jeune encore, renoncer à jamais aux tendres affections, à une vie au dessus
» de la pauvreté. L'isolement était mon lot, je ne pouvais que furtivement pa-
» raître dans le monde, et la fortune de mon père devenait la proie d'un oncle
» millionnaire. La mesure comble, je me mis en révolte ouverte contre un ordre
» de choses dont j'étais si cruellement victime, qui sanctionnait la servitude du
» sexe faible, la spoliation de l'orphelin, et je me promis d'entrer dans les intri-
» gues de l'ambition, de rivaliser d'audace avec le moine (ce moine était jésuite
» et gouverneur civil d'Aréquipa), d'être, comme lui, *persévérante*, comme lui,
» *sans pitié.* » (pag. 104, tome II).

» Je résolus, moi aussi, d'entrer dans la lutte sociale ; et, après avoir été
» long-temps dupe de la société et de ses préjugés, d'essayer de l'exploiter à mon
» tour, de vivre de la vie des autres, de devenir, comme eux, cupide, ambitieuse,
» impitoyable, de me faire, comme eux, le centre de toutes mes actions, de
» n'être, pas plus qu'ils ne le sont eux-mêmes, *arrêtée par aucun scrupule.* »
(Pag. 103, tome II.)

C'est probablement après avoir résolu d'*être persévérante, sans pitié, de
n'être plus arrêtée par aucun scrupule*, et lorsqu'elle fut persuadée du
violent amour de M. Chabrié, qui consentait à l'épouser et à reconnaître sa fille, que la *Paria* dit :

« Je pus me convaincre dans cette circonstance, jusqu'à quel degré Chabrié
» portait la délicatesse de ses sentimens, (Il s'agissait après notre mariage, de nous
» fixer où j'aurais voulu.) J'ai dit comment j'avais accepté son amour, autant
» pour ne pas le désespérer que pour m'assurer sa puissante protection. Depuis
» ce moment, il faisait sans cesse des projets brillans d'espérance, persuadé qu'il
» était de trouver le bonheur dans notre union ; j'écoutai d'abord ses plans de
» félicité sans songer à entrer dans leur réalisation, puis graduellement son
» amour me *pénétra* d'une telle admiration que je me fis à *l'idée de l'épouser*
» en restant avec lui en Californie. » (page 155, tome 1er.)

C'est encore sans doute, par suite de sa résolution de n'*être ar-*

rêtée par aucun scrupule, et pensant que M. Chabrié était dans les
mêmes dispositions, que la *Paria* compte assez sur la fascination de son
amour, pour avoir avec ce franc et loyal marin, le dialogue suivant.

» Vous savez que mon acte de baptême ne me suffit pas pour me faire recon-
»naître comme enfant légitime; il me faut un acte qui constate le mariage de
»ma mère avec mon père; si je ne puis le produire, je ne dois pas compter sur
»une piastre; mon oncle ne me donnera rien; eh bien! vous pouvez me donner
»un million, chargez-vous de faire faire cet acte de mariage par quelque vieux
»missionnaire de la Californie; on l'antidatera, et pour cent piastres nous aurons
»un million; telle est, Chabrié, la condition dont je fais dépendre mon amour
»et ma main. — Ainsi, lorsque je veux vous épouser, vous épouser sans for-
»tune, dans la position où vous êtes, avec un enfant, lorsque je suis prêt à vous
»sacrifier tout, tout.... vous mettez des conditions à votre amour.... et quelles
»conditions!.... — Est-ce que vous hésiteriez? — Hésiter, oh! non; tant que
»ce vieux cœur battra dans ma poitrine, je n'hésiterai jamais entre l'honneur
»et l'infamie. » (pages 519 et 520, tome Ier).

Il semblerait cependant, qu'effrayée de son audace, la *Paria* redoute
les conséquences de ses hardis et cyniques aveux, puisqu'elle appelle
l'indulgence en disant :

« Mais si l'esclavage existe dans la société, s'il se trouve des ilotes dans son
»sein, si les lois ne sont pas égales pour tous, si des préjugés religieux ou autres
»reconnaissent une classe de *Paria*, oh! alors, le même dévouement qui nous
»porte à signaler l'oppresseur au mépris, doit *nous faire jeter un voile sur la
»conduite de l'opprimé qui cherche à échapper au joug.* » (Préface, page 15,
»tome 1er). »

Ne me considérant ni comme *oppresseur* ni comme *opprimé*; ne me
croyant pas non plus *ilote* ou *Paria*, je demanderai à personne de
jeter un voile sur ma conduite, parce que je puis la livrer sans crainte
à la publicité la plus entière, et supplier les magistrats d'ordonner
sur moi une enquête sévère, afin que cet acte solennel détruise les
inculpations calomnieuses de Flora Tristan.

Je bornerai là les citations textuelles de l'ouvrage de la *Paria*; j'eusse
dû peut-être en rapporter davantage; mais j'ai l'intime conviction d'a-
voir suffisamment motivé ma demande reconventionnelle et celle de la
suppression de l'ouvrage comme calomnieux. Cette suppression, du

reste, est probablement dans les intérêts de Flora Tristan; car si son œuvre dédié à ses compatriotes les *Péruviens* parvenait à son adresse, ce qui est douteux; il serait à craindre qu'il ne fît perdre à son auteur la pension alimentaire que lui fait si généreusement son oncle, puisque madame Chazal semble s'être complue à médire ou à calomnier tous ceux qui ont l'honneur de lui appartenir; et en vérité, ses parens, loin de mériter les traits acérés de Flora Tristan, seraient réellement des anges, s'il ne la traitaient pas en *Paria*.

Plein de confiance dans la justice du tribunal et dans la vérité de mes assertions; fort de l'ignoble conduite de celle à qui j'ai eu le malheur de donner mon nom; je termine ce long, fastidieux et pénible travail, en répétant que j'ai copié fidèlement la requête placée en regard de mes réponses. Par ce moyen, à moins d'un nouveau mensonge, il est impossible de prétendre que j'aie dénaturé le sens des mots, et supposé des intentions qui n'existaient pas, puisque je n'ai ni tronqué ni transposé une seule phrase; ce moyen eût été indigne de moi. Je réponds à celle qui s'est faite mon ennemie; mais je ne la calomnie pas; je laisse à la partie de ses écrits que j'ai toujours servilement copiée, le soin de la faire estimer à sa juste valeur.

Il se peut, que dans mes réponses, il se trouve quelques dures vérités; mais à qui souffre si cruellement et depuis si long-temps, et comme père et comme époux ne pourrait-on rien pardonner? Cependant, je le jure sur l'honneur, j'ai tout fait pour imposer silence à mon juste ressentiment, et pour ne pas m'écarter d'une sage modération, qui, j'ose l'espérer, sera appréciée par mes juges. Aussi est-ce avec une respectueuse confiance que j'attends la décision du tribunal, qui, en terminant mes angoisses comme père, fixera le sort de mes enfans, mais ne pourra cicatriser des plaies que chaque jour avive davantage.

Montmartre, ce 5 février 1838.

CHAZAL, jeune.

Me Jules FABRE, avocat plaidant.

Me AUQUIN, avoué.

Imprimerie de Cosson, rue Saint-Germain-des-Prés, 9.

PIÈCES JUSTIFICATIVES.

A. (Page 9.)

Déclaration rédigée par madame Chazal.

« Je déclare et promets à madame Chazal, devant sa mère et son oncle, que je suis
» prêt à agir en tous moyens et à me soumettre à toutes les exigences de la loi qui est
» établie ; quant aux séparations de corps, si elle veut une séparation de corps et que je
» me prêterai de même avec toute la bonne foi et la persévérance possibles quand il s'a-
» gira du divorce. Je déclare en outre que, quand même la loi sur le divorce ne passerait
» pas cette année, mais dans deux ou trois ans, j'agirai à cette époque comme je promets
» d'agir à présent. Je déclare que ce sera moi qui demanderai le divorce, et que pour
» arriver à mes fins j'emploierai tous les moyens possibles, même les plus outrés, dans le
» procès soit de corps ou de divorce, après que madame Chazal aura déposé le montant
» de l'estimation des frais de justice, soit chez son avoué ou le mien et que l'un ou l'au-
» tre en aura consigné la remise sur un registre d'étude.

» Bel-Air, le 1ᵉʳ avril 1832.

» CHAZAL, jeune. »

« S'il me promets de tenir scrupuleusement à cette déclaration, je lui promets, moi,
» que je supporterai toutes les humiliations, toutes les calomnies, tous les outrages avec
» un courage et une patience dignes d'un meilleur sort, que même, loin de jamais avoir
» la pensée de lui faire un reproche, je lui en aurai de l'obligation. » Femme CHAZAL. »

Cette déclaration fut apportée par madame Tristan, le lendemain de la scène et des
voies de faits qui avaient eu lieu chez M. Laisney, qui me conseilla de signer afin d'éviter
un nouvau scandale. Depuis irrité de la conduite de sa nièce, il lui a formellement interdit
sa maison.

B. (Page 10.)

Lettre du maire d'Arpajon (Seine-et-Oise) à M. Chazal.

« Arpajon, ce 31 août 1831. »

« Monsieur,

» Je m'empresse de vous faire part que l'enfant pour lequel vous m'avez écrit,
» est, d'après les renseignemens qui viennent de m'être remis, dans le pensionnat de
» M. Angu, maître de pension en cette ville.

» Quant aux autres renseignemens que vous me demandez, je ne me suis pas encore
» trouvé à même du pouvoir en juger.

» Agréez, monsieur, l'assurance de ma haute considération. » TROCMÉ, maire. »

Cette lettre, qui porte le timbre d'Arpajon, avec la date du 31 août 1831, et celui de
Paris, avec la date du 1ᵉʳ septembre 1831, prouve que je n'ai pas cessé de chercher mes
enfans, et cette preuve ressort encore des lettres réunies ci-après sous la lettre G.

C. (Page 10.)

DÉPARTEMENT DE SEINE-ET-OISE.

ARRONDISSEMENT DE RAMBOUILLET.

Commune de Fontenay - les - Briis.

*Extrait du registre des procès-verbaux dressés d'après les déclarations des habitans,
par le maire de la commune de Fontenay-les-Briis.*

« Aujourd'hui trente-un mars mil huit cent trente-deux, par-devant nous, Louis
» Joseph Arnou, maire de la commune de Fontenay-les-Briis, arrondissement de
» Rambouillet (Seine-et-Oise); est comparu M. Chazal, André-François, domicilié à
» Montmartre, rue des Acacias, n. 32, profession de graveur en taille-douce, lequel
» nous a déclaré que, se trouvant chez M. Laisney, chef de bataillon retraité, son bel-
» oncle, il y fit la rencontre de dame Flore-Célestine-Thérèse-Henriette Tristan Moscoso,
» son épouse, avec laquelle il est séparé de biens depuis l'année mil huit cent vingt-huit,
» que par suite d'explications entre eux au sujet de leurs enfans; cette femme s'est
» livrée envers son mari, à des actes de violence et voies de fait, dont on ne peut pré-
» sumer les suites, si l'intervention de M. Laisney n'eût retenu cette femme par la force.
» En foi de quoi, nous avons reçu la présente déclaration que le plaignant a signée.

» Signé Chazal et Arnou, maire.

» Délivré et certifié conforme, en la mairie de Fontenay-les-Briis, le 25 septembre
» 1857, par nous adjoint soussigné faisant les fonctions d'officier public de l'état civil
» de cette commune par délégation spéciale de M. le maire. »

» Ratelle, adjoint. »

Dans mon mémoire, je me suis trompé de mot en mettant *procès-verbal* au lieu de
déclaration. Cependant, quel que soit le nom que l'on donne à la pièce qui précède,
comme j'y cite l'oncle de madame Chazal, que cet homme d'honneur m'accompagnait
chez le maire, que ce dernier vint avec nous chez madame Tristan dans l'espoir de faire
entendre raison à la *Paria*, cet officier public a été à portée de vérifier immédiatement
la vérité. J'invoquerais son témoignage si madame Chazal niait la véracité de ma déclaration.

D. (Page 17.)

*Lettre anonyme portant la souscription : A M. Chazal, village Orsel, rue des Acacias,
n° 32, commune de Montmartre.*

« Un de vos meilleurs amis doit vous avertir d'une chose bien importante pour vous ;
» si vous savez en profiter, votre position pourra changer entièrement. Votre femme va
» demeurer le 15 de ce mois dans la maison de madame Ta... ; elle y va pour mettre
» sa fille en pension chez cette dame. Maintenant elle n'a plus peur de vous parce qu'elle
» est *riche*, elle dit partout qu'elle se moque de vous et vous méprise comme à son ordi-
» naire. Saisissez cette occasion pour la forcer devant les juges à vous remettre sa fille.
» Attendez-vous à ce qu'elle résistera de tout son pouvoir, car cette petite est le seul
» être qu'elle aime ; mais allez trouver un bon avoué, expliquez-lui votre affaire et je

» ne doute pas que vous ne réussissiez dans votre demande , en faisant valoir vos griefs ,
» sa conduite mystérieuse et sa fortune que personne ne peut expliquer. Si une fois
» vous tenez la petite , il vous sera facile d'avoir d'elle 15 à 20,000 fr. pour vous faire
» consentir à la lui rendre, cela ne serait que chose juste, car je sais positivement que
» son intention est de frustrer ses fils pour cette petite. Attendez quelques jours après
» son installation afin qu'on puisse croire que vous avez su son arrivée dans cette maison
» par l'effet du hasard. Je n'ose pas me faire connaître à vous en signant cette lettre
» parce que je redoute quelqu'indiscrétion de votre part et ne veux pas m'exposer à m'at-
» tirer cette femme pour ennemie.

 » Paris, le 11 octobre 1835. »

Cette lettre qui porte deux timbres de la poste de Paris avec les dates des 13 et 14
octobre 1835 , me donnait des renseignemens sur ma fille et sa mère dont j'avais vainement cherché à me procurer le domicile depuis plus de trois ans. Aussitôt j'en vérifiai
l'exactitude , et je pris mes mesures pour m'emparer de ma fille , mais je me serais bien
gardé de suivre le conseil de me faire donner 15 à 20,000 fr. pour rendre mon enfant.
Non , il n'est pas de trésor au monde pour lequel je consentisse à livrer ma fille au dangereux exemple de la *Paria*; et quant à faire profiter mon fils d'une partie de l'or que
possède sa mère , j'en méprise trop la source pour y consentir jamais. Au reste, il paraît
que l'auteur de la lettre anonyme connait bien ce dont est capable madame Chazal, car
il ne veut pas s'exposer à avoir cette femme pour ennemie.

E. (Page 22.)

Lettre, ne varietur, d'Aline Chazal à son père.

 » Monsieur ,

 « J'ai appris que vous vouliez me tenir esclave dans ma pension , parce que je n'ait pas
» voulue sortir dimenche ; mais j'avais mes raison. Mais je vous déclare que si vous
» vous conduisez comme vous le faite dans ce moment-ci, lors ne venez pas me dire
» que vous m'esmée. Je vous répondrai que sa n'est pas vrais, car si s'était vrai, vous me
» le mouteriez en ne pas me rendant heureuse, car vous rendez moment très-malheureuse
» et moi aussi, en nous tourmentant. Je vous offre de sortir un dimenche par mois à
» condition que vous avertirez, parce que maman ne s'engagera pas à des parties de
» plaisir, et alors nous seron chacun tranquille. On a pas tout son temps à perdre comme cela.

 » Bien des choses à mon frère, adieu.   » A..... Chazal. »

Cette lettre a trois timbres de la poste de Paris. L'un avec la lettre G , ce qui indique
qu'elle a été mise à la poste dans le quartier habité par madame Chazal et non dans celui
de la pension. Les deux autres portent la date des 10 et 11 juin 1836. Je ne ferai aucune
réflexion sur le style de cette lettre , il suffit de la lire pour être convaincu que la malheureuse enfant qui l'a écrite n'en est pas l'auteur.

F. (Page 22.)

Lettre de madame Macquet à M. Chazal.

 » Monsieur ,

 » Mes enfans reçoivent à l'instant une signification par huissier de remettre immédiate-
» ment mademoiselle votre fille à sa mère.

68

» Veuillez donc, je vous prie, passer demain chez' mes enfans pour vous entendre sur
» la réponse à faire. Madame Chazal déclare que, faute de satisfaire à sa demande, elle
» n'entend pas payer davantage la pension de sa fille.

„ » Recevez, Monsieur, l'assurance de ma considération,　　　　» MACQUET,
　　» Paris, le 20 juin 1836.　　　　　　　　　　　　　　　　　　» *Rue d'Assas, n° 5.* »

G. (Page 44.)

Lettre écrite au nom du maire de Dammartin-en-Goële (Seine-et-Marne),
à M. Chazal.

» Dammartin-en-Goële, le 30 mars 1832.

　　　　Monsieur,

» Vous avez écrit le 27 de ce mois à M. le maire de Dammartin, pour savoir si dans
» cette ville n'aurait pas été mise en garde ou en pension une petite de six ans, nommée
» Aline.

» Il résulte des recherches que M. le maire a faites et fait faire, que cette petite fille
» n'est pas à Dammartin, et que les indications qui ont été données à cet égard sont
» fausses, ou du moins que ce n'est pas à Dammartin-en-*Goële*, mais peut-être à Dam-
» martin, arrondissement de Coulommiers, ou à Dammartin (Seine-et-Oise) que cette
» petite fille a été placée.

» Recevez, Monsieur, mes salutations.

» Pour M. le maire de Dammartin-en-Goële (Seine-et-Marne).　　» GARTRU. »

Cette lettre a le timbre de Dammartin, n° 73, et la date du 1er avril; et le timbre
de Paris (banlieue), et la date du 2 avril.

Lettre du maire de Dammartin (arrond. de Mantes, Seine-et-Oise), à M. Chazal.

» Dammartin, ce 12 avril 1832.

　　　» Monsieur,

» Au reçu de votre lettre du 5 avril présent mois, je me suis occupé de la recherche
» de la petite fille dont vous désirez savoir la position.

» Je puis vous assurer, monsieur, que cet enfant n'est pas ici, qu'il n'y a pas non
» plus de madame Durand, ni même d'officier en retraite. Il n'y a pas également de nom
» Chazal ou Tristan.

» J'ai l'honneur d'être, Monsieur, votre dévoué serviteur,　　» TRINON, maire. »

Cette lettre porte les timbres de Septeuil, de Houdan, n° 72, et la date du 16 avril 1832 ;
les timbres de Paris et de la banlieue, et la date du 17 avril 1832.

J'ai également reçu une réponse de M. le maire de Dammartin, près Coulommiers,
mais je l'ai adirée.

H. (Page 12.)

Lettre de M. Chazal à M. Laisney.

» Paris, ce 3 avril 1832.

　　» Mon Oncle,

» Je suis parti, comme on a dû vous le dire, de Bel-Air, dans la charette de Pascal, j'ai
» rejoins la voiture à Linas. Nous faisons halte à Lonjumeau, elle descend déjeuner et se
» doute de ma présence par les chuchotemens des voyageurs dont un air de mystère avait

» éveillé l'imagination ; elle remonte avec un air assez léger de confusion, du moins me
» l'a-t-on dit. La difficulté d'avoir une voiture qui me conduise du poste de gendarmerie,
» à Paris, me décida à poursuivre jusqu'au bureau. Là je descends et me présente ; elle
» veut sortir, je l'en empêche, et de suite une foule curieuse s'assemble ; elle se calme et
» cède à la force des circonstances. Nous allons chez le commissaire de police le plus près,
» il refuse de recevoir ma déclaration, la considérant comme une simple querelle de mé-
» nage. Enfin après une seconde scène aussi scandaleuse, je me décidai à quitter la place,
» car pour un homme qui a de l'âme ces turpitudes sont fatigantes, ainsi aujourd'hui rien
» de nouveau. J'ai la certitude qu'Aline n'est pas à Dammartin ; je m'occupe vivement de
» cette affaire et je vous en ferai connaître les résultats. Je joins à ma lettre les 11 francs
» que vous avez eu la bonté de me prêter et 5 pour le retour d'Ernest que je vous prie
» de mettre à la voiture de Pascal, le 4 avril, sous la protection du voiturier, qui me
» paraît un honnête homme ; je serai au bureau pour le recevoir. Quant à Paris, il me
» semble agité ; quelques troubles avaient lieu lorsque nous passâmes sur le Pont-Neuf.
» Joignant l'enfantillage au sérieux, je vous prierai de m'envoyer quelques haricots
» d'Espagne pour ensemencer le contour de mon jardin.

  » Recevez, etc.   » Chazal, jeune. »

  « P. S. Je vous prie, en faisant part de mon amitié à madame Tristan, de lui dire
» que mon sentiment sur l'affaire d'Aline est que je considérerai comme complice de son
» immoralité, si un jour....., toutes les personnes qui sous prétexte d'une discrétion mal
» entendue pour une fille dont on aggraverait le sort en prétendant la servir.... Je serais
» bien aise qu'elle fît part, autant que possible, de mes sentimens, à cet égard, à toutes
» celles de mes anciennes connaissances fréquentées par ma femme ; car je ne saurais es-
» timer toute personne qui verrait de sang-froid une petite fille de six ans dans la voie du
» mépris pour un père estimé, et, suivre les traces d'une mère pour qui rien n'est sacré,
» qui sacrifie tout à son caprice, que rien n'émeut, que rien n'étonne. »

  Cette lettre, que j'écrivis sous l'impression des scènes de Bel-Air et de Paris, porte avec
elle un caractère de vérité qui me semble fait pour contrebalancer la fantasmagorie de
madame Chazal.

I.

  N. B. Prévoyant que la défense prétendra que madame Tristan a toujours approuvé
la conduite de sa fille, je devrais peut-être rapporter ici notre volumineuse correspon-
dance, mais ne voulant pas imiter la prolixité de la *Paria* dans ses Requêtes et ses Pérégrinations, je me bornerai aux fragmens qui suivent.

• 3 janvier 1834.

M. Chazal à madame Tristan.

  » Madame,

  ».... Enfin, venons au fait. Depuis deux ans, vous le savez, tourmenté de la mysté-
» rieuse existence de votre fille, j'ai balancé à mettre cette affaire entre les mains de la jus-
» tice, espérant franchement inspirer assez d'intérêt pour qu'on fît quelque chose afin
» d'éviter le scandale..... Ainsi le retard que j'ai mis à cette affaire n'est autre que la
» répugnance des moyens à employer et qui blessent ma délicatesse. La vengeance est au
» dessous de mon caractère, je ne désire que ce qui est juste, je le désire sans aigreur et

» sans animosité, et je crois avoir le droit de demander ma fille. Peut-être me dira-t-on :
» adressez-vous à sa mère dont nous vous cacherons la mystérieuse existence; nous l'aban-
» donnons et avec elle, sa fille qui sera élevée sans parens, isolée, sans autre appui que
» les connaissances souvent immorales d'une mère sans aveu. Telles sont les consolations
» que m'offrent l'intérêt que vous me portez, intérêt cependant que je crois sincère.....
» Je vous tiendrai au courant de ce que je ferai. Veuillez, envers et contre tous, croire à
» ma sincère et double amitié.   » CHAZAL jeune. »

» *P. S.* Ernest vous fera parvenir de son dessin et de son écriture par mon oncle, que
» je me ferai un devoir et un plaisir d'aller voir chez son beau-frère. Embrassez pour moi
» M. et madame Laisney. »

Réponse de M. Tristan à M. Chazal.

'Ce 15 janvier 1834.

» Votre lettre, mon cher Chazal, m'afflige et ne m'offense pas malgré l'opinion injuste
» que vous avez que je suis instruit de ce qui a rapport à votre femme et à votre fille. Je
» vous répète ce que je vous ai dit : j'ignore absolument tout ce qui peut avoir rapport à
» elle. Depuis près de deux ans que j'ai vu votre femme, je n'ai reçu qu'une lettre d'elle
» par l'entremise de M. Duclos, dans laquelle lettre, elle m'offrait deux cents livres par an
» que j'ai refusées. Je n'ai entendu parler d'elle, en aucune manière, depuis. Voilà la vé-
» rité. Après cela croyez ce que vous voudrez. J'excuse votre erreur, et ne diminuerai
» rien à l'amitié sincère que je vous ai vouée pour la vie.

» Votre mère.   » T. »

Cette lettre qui, ainsi que les suivantes, porte le timbre de la poste, indique quels
étaient mes rapports avec la famille de madame Chazal.

J.

Lettre de madame Laisney à M. Chazal.

« Mon cher Chazal,

« M. Laisney, malgré sa mauvaise santé, est allé trois fois chez le commissaire de po-
» lice, que nous avons enfin trouvé aujourd'hui; il a répondu à votre demande que l'ex-
» trait des procès-verbaux de police ne se délivrait à personne que sur la demande du
» procureur du roi.

» Nous n'avons pas encore écrit à madame Tristan, n'ayant rien à lui dire ne sachant
» pas si votre fille est dans un lieu de sûreté pour vous.

» Si vous avez quelque chose de nouveau, écrivez-nous, et d'après votre lettre nous
» écrirons à madame Tristan.

» Recevez l'assurance de notre sincère attachement. »

» Nous embrassons Ernest.   » Femme LAISNEY.

» Versailles, 7 novembre 1835. »

Cette lettre, qui porte le timbre de Versailles, et la date du 8 novembre 1835, et la
marque de Paris et le mot *banlieue*, répondait à la demande que j'avais faite du procès-
verbal dressé par le commissaire de police lors de la scène arrivée à Versailles. Voir les
pages 18, 19 et 20.

K.

A la lettre que ma fille m'écrivit (voir lettre E), j'opposerai celle qu'elle écrivit à sa

mère tandis qu'elle demeurait chez moi. Je suis étranger à sa rédaction. Je voudrais pouvoir me dire que madame Chazal l'est également à celle que j'ai rapportée page 67. S'il compare les deux lettres, le tribunal appréciera facilement celui qui de Flora Tristan ou de moi sait le mieux inspirer la piété filiale.

Lettre d'Aline Chazal à sa mère.

« Le 4 janvier 1837.

» Ma chère mère ,

» Je t'envoie de mon ouvrage dans l'espérance de te faire voir que je n'ai pas oublié les » sentimens que l'on doit à ses parens.

» Je suis fâchée de ne pouvoir te présenter une bourse , mais je n'ai pas eu le temps.

» Bonne mère , je te prie de me renvoyer mes effets pour faire les visites du jour de » l'an. Je te les demande , parce que je n'aurai mes effets que dans deux mois. Je te prie » de dire bien des choses à nos amis.

» Je te prie de me renvoyer la réponse de suite, et, si tu dis oui pour les effets, renvoie- » les-moi avec la réponse.

» Adieu , je t'embrasse ,   » Aline CHAZAL. »

» P. S. Je t'écris ceci sous la dictée de papa, qui tient à ce que tu saches qu'il ne m'a » influencée en rien pour cette lettre , ainsi que pour la demande des effets que je désire » avoir. »

L. (Page 3.)

Madame Chazal dit dans sa première requête (page 3) qu'*elle a été contrainte par sa mère à m'épouser ; qu'elle me déclara, sans détour, qu'elle ne m'aimait pas et qu'elle ne m'aimerait jamais.* Elle a imprimé dans son livre que *sa mère l'obligea d'épouser un homme qu'elle ne pouvait ni aimer ni estimer.* J'aurais pu, j'aurais dû peut-être dans les parties de ce mémoire qui répondaient à la Requête et aux Pérégrinations, opposer les propres lettres de Flora Tristan aux assertions fausses, mensongères et injurieuses de la *Paria française ;* mais la pudeur me retenait ; cependant , comme la calomnie me poursuit avec acharnement, comme on veut me lasser et employer contre moi le double ascendant et de l'or et d'un reste de beauté ,je crois devoir vaincre ma répugnance et citer , *ne varietur ,* les extraits suivans de lettres que je puis produire ; ils prouveront que Flora Tristan *a menti* lorsqu'elle prétend avoir été *contrainte à m'épouser* , ou qu'avant notre mariage elle possédait déjà le grand art de tromper.

» 3 janvier 1821. »

«..... Va, je veux devenir une femme parfaite, on sait que je ne pourrai pas, je veux te » donner tant de bonheur que l'oubli tout le mal que je t'ai causée. Je veux traiter ma » mère comme je voudrais l'être de mes enfans , enfin je veux être bonne avec tout le » monde, être philosophe, mais d'une manière si douce , si aimable que tous les hommes » désireront une femme philosophe. Adieu, je te quitte parceque ma lampe me quitte et que » je n'ai pas decoit la ralumer, mais je pense à toi et j'oublie la misère ,   « FLORA. »

« 12 janvier 1821.

«..... je te direye, mon chère, que cette soirée que je désirait tant, je voudrais bien » quelle encore soit à venir, car j'éprouve des douleurs terribles surtout quand je marche ; » je crois qu'il me sera impossible de prendre ma leçon de danse ; voilà le mauvais côté ! mai ! » aussi que d'heureux momens !... Toute la nuit je n'ai fait que pensée à toi , j'étais tou-

» jours avec toi, enfin je nez vos que toi dans tous la nature. Adieu ami de mon cœur, au
» le matin comme il tapelais se cœur, je te cherchait des yeux, ma bouche cherchait la
» tienne, mes bras cherchais à te sairés sur mon sein, sur ce sein qui n'a connu le plaisir
» que par toi.

» Mais adieu! je te jure de t'aimer toujours et de te procurer autant de plaisir que je
» t'ai donnés de peine, adieu! donc, ami de mon âme, mais je ne puis te quitté, a!.....
» qu'il m'en coute de te dire adieu.   » FLORE. »

» P. S. Donne un peu de bois à Armandine (1), s'est pour elle, car moi je n'en aye pas
» besoin, je ne te recommande pas de veillié à nos intérêts, la raison parle pour moi,
» mille baisers de flame sur tes jolis petites laivre, adieu. »
                                        » 19 janvier 1821.

».... Ami, je ne puis écrire parce que je n'ai pas le tems, mais je te direye tout cela
» ce soir et nous tacherons de ratraper le tems que nous avons perdu, je me porte très
» bien et je ne me suis jamais si bien trouvé, adieu! à toi pour la vie.

» Je te dirai que tu nous envoie des bouts si gros, que nous ne pouvons pas les entrer
» tu devrait pourtant bien savoir le mal qu'on a et avoir pitiée des autres.

» J'écri sur le dos de ma plume, adieu !   » FLORE. »
                                        » 24 janvier 1821.

» Mon bon ami la chaleur portant tous'au sentre, me laisse le extremitée bien froide, ton
» souvenir sufi pour entretenir le feu sentral, mais quand aux extremitée, je te prie de
» remettre à Armandine quelques morceaux de bois pour quelle ne gelle pas.

» Minette (2) t'embrasse et moi aussi. Adieu, pense à moi après tes intérêts.

» À toi ton amie pour la vie.   » FLORE. »

Les morceaux qui précèdent ont été extraits des lettres écrites avant notre mariage, et
le stile dément les assertions de Flora Tristan. Je terminerai ces citations que j'eusse pu
rendre plus nombreuses, par quelques lignes que j'écrivis près du lit de mort de ma mère
et par la réponse que je reçus de madame Chazal. On jugera qu'alors ses sentimens n'a-
vaient pas encore éprouvé d'altération, et que la vanité, le désir d'une position au dessus
de la nôtre ne l'avaient pas encore éloignée de ses devoirs.

M. Chazal à madame Chazal.

                                        » 2 septembre 1821.

» Ma pauvre mère est toujours dans le même état de souffrance. On paraît décidé à lui
» faire l'opération ce soir. Je prie mes amis de rester ensemble, ce spectacle est trop pé-
» nible, je dois l'éviter à ma bien bonne amie Flore qui me marque son amitié en m'of-
» frant ses soins, et en voulant venir pleurer avec nous. Je vous embrasse tous. » CHAZAL. »

Réponse de madame Chazal (ne varietur).]

                                        » 8 septembre 1821.

» Chère amie, ranime ton courage pour soutenir l'événement malheureux qui nous
» attend. Le ciel t'enlève ta mère, mais il te donne une amie qui t'aime et qui t'aimera
» jusqu'à la mort. Adieu mille fois pour toi et pour ta mère.   » FLORE. »

(1) C'était une apprentie coloriste de Flore Tristan,
(2) Minette était le nom familier que Flora donnait à sa mère.

Paris. — Imprimerie de Casse, rue Saint-Germain des Prés, 9.